conforme o **Acordo Ortográfico**

GUIAS PRÁTICOS VERBOS

EMPREGO E CONJUGAÇÃO

ERNANI TERRA
Autor do *Curso prático de gramática* e da *Minigramática*.

JOSÉ DE NICOLA
Autor da *Gramática: palavra, frase, texto* e de *Língua, literatura e produção de textos*.

editora scipione

editora scipione

Gerência editorial
Maria Teresa Porto

Responsabilidade editorial
Roberta Lombardi Martins

Edição
Ana Luiza Couto

Assistência editorial
Carmela Ferrante Nunes
Brunna Pinheiro dos Santos (estagiária)

Supervisão de revisão
Miriam de Carvalho Abões

Preparação
Miriam de Carvalho Abões

Revisão
Vanessa de Paula Santos
Ana Carolina Nitto (estagiária)

Edição de arte
Didier D. C. Dias de Moraes

Supervisão de arte
Sérgio Yutaka Suwaki

Coordenação de arte
Eber Alexandre de Souza

Programação visual de capa e miolo
Maremagnum Artes Gráficas

Editoração eletrônica
Ram Dikan e
Elen Coppini Camioto

Impressão e acabamento
Yangraf Gráfica e Editora

Av. Otaviano Alves de Lima, 4 400
6.º andar e andar intermediário ala "B"
Freguesia do Ó
CEP 02909-900 - São Paulo - SP
Caixa Postal 007

DIVULGAÇÃO
Tel.: (0XX11) 3990-1810

VENDAS
Tel.: (0XX11) 3990-1788

www.scipione.com.br
e-mail: scipione@scipione.com.br

2014

ISBN 978-852627218-7 – AL
ISBN 978-852627219-4 – PR
CAE: 242374
Cód. de obra CL 736589

1.ª EDIÇÃO
(6.ª impressão)

Dados Internacionais de Catalogação na Publicação (CIP)
(Câmara Brasileira do Livro, SP, Brasil)

Terra, Ernani
Verbos : empregos e conjugação / Ernani Terra, José De Nicola. – 6. ed. – São Paulo : Scipione, 2009. – (Série guias práticos)

Bibliografia.

1. Português – Gramática 2. Português – Verbos 3. Português – Verbos – Conjugação I. Nicola, José De. II. Título. III. Série.

08-11427 CDD-469.5

Índices para catálogo sistemático:

1. Conjugação de verbos: Português: Linguística 469.5
2. Verbos: Conjugação: Português: Linguística 469.5

Apresentação

O verbo é mais do que uma categoria gramatical: é a palavra por excelência – tanto assim que, na religião, ***verbo*** *significa a sabedoria eterna e, nos estudos atuais, a expressão* ***linguagem verbal*** *designa a própria língua, ou seja, a forma de comunicação baseada nas palavras.*

Conhecer o verbo é, portanto, conhecer a palavra das palavras. Por isso oferecemos ao estudante este guia prático e objetivo, com o qual esperamos contribuir para tornar acessível o domínio dessa importante categoria gramatical.

OS AUTORES

Sumário

Como consultar este guia

Lista de verbos e modelos de conjugação

Para saber como se conjuga determinado verbo na voz ativa, o leitor deve, primeiramente, localizá-lo na lista de verbos ao final do livro, onde cada um deles se acompanha do seu modelo de conjugação. Nessa lista encontram-se relacionados predominantemente os verbos que apresentam particularidades de conjugação, pois são eles que oferecem maiores dificuldades. Procurando, por exemplo, o verbo **conferir**, o leitor encontrará:

conferir (***12***)

Isso quer dizer que **conferir** segue o modelo de conjugação número 12; conjuga-se, portanto, como **aderir**.

Os modelos de conjugação (páginas 48 a 139) estão numerados de 1 a 81, e assim organizados:

- Modelos 1, 2 e 3 – Conjugação completa (tempos simples e tempos compostos) de **cantar**, **bater** e **partir**, paradigmas dos verbos regulares de primeira, segunda e terceira conjugação.
- Modelos 4, 5, 6 e 7 – Conjugação completa (tempos simples e tempos compostos) dos verbos auxiliares **ser**, **estar**, **ter** e **haver**.
- Modelos 8 a 81 – Conjugação dos tempos simples de verbos com particularidades de conjugação. Para obter os tempos compostos, basta se orientar pelos modelos 1, 2 e 3.

Para saber como se conjuga um verbo na voz passiva analítica ou um verbo pronominal, o leitor deve consultar as duas conjugações-modelo das páginas 136-137 e 138-139.

Destaques gráficos

Cantar, **bater** e **partir** receberam destaques (negrito) nas formas simples que apresentam acento gráfico (veja páginas 48 a 53). Quase todos os verbos da língua portuguesa recebem acentos gráficos nesses mesmos tempos e pessoas; uma rápida visualização dessas formas, nos modelos 1, 2 e 3, possibilita ao leitor assimiliar de uma vez por todas as formas acentuadas da maioria dos verbos, tanto regulares como irregulares.

Os modelos 8 a 81 são geralmente introduzidos por um pequeno comentário que aponta sua(s) particularidade(s). Na conjugação, recebem destaque gráfico (negrito, na maioria das vezes) as formas em que se manifestam as particularidades apontadas. Por exemplo, o verbo **aderir**:

12. Aderir (Irregular)

Apresenta alternância vocálica gráfica: o **e** do radical muda para **i** na primeira pessoa do singular do presente do indicativo e nas formas daí derivadas.

INDICATIVO
PRESENTE
adiro
aderes
adere
aderimos
aderis
aderem

SUBJUNTIVO
PRESENTE
adira
adiras
adira
adiramos
adirais
adiram

IMPERATIVO	
AFIRMATIVO	NEGATIVO
adere	não **adiras**
adira	não **adira**
adiramos	não **adiramos**
aderi	não **adirais**
adiram	não **adiram**

Estudo gramatical

O Estudo gramatical do verbo (páginas 9 a 46) traz as informações básicas sobre estrutura e flexões dessa classe de palavra. Deve ser consultado sempre que o leitor sentir necessidade de apoio teórico para obter melhor compreensão dos mecanismos de conjugação.

Chamamos particular atenção para as seções:

- Tempos primitivos e derivados (páginas 19 a 30) – Proporciona uma visão sucinta e abrangente da formação da maioria dos tempos verbais a partir de apenas três tempos primitivos. Uma leitura atenta dessa seção fornece um roteiro seguro e claro para o entendimento das particularidades de conjugação.
- Tabela de particípios (páginas 28-29) – Traz os particípios regular e irregular de verbos que apresentam duplo particípio.

Parte 1

Estudo gramatical do verbo

No princípio era o verbo. Depois, veio o sujeito e os outros predicados: os objetos, os adjuntos, os complementos, os agentes, essas coisas. E Deus ficou contente. Era a primeira oração.

(*Eno Teodoro Wanke*)

No princípio era o Verbo. O verbo ser. Conjugava-se apenas no infinito. Ser, e nada mais. Intransitivo absoluto.

Isto foi no princípio. Depois, transigiu, e muito. Em vários modos, tempos e pessoas. Ah, nem queiras saber o que são as pessoas: eu, tu, ele, nós, vós, eles...

Principalmente eles!

E, ante essa dispersão lamentável, essa verdadeira explosão do SER em seres, até hoje os anjos ingenuamente se interrogam por que motivo as referidas pessoas chamam a isso de CRIAÇÃO...

(*Mário Quintana*. Caderno H.)

Definição

Verbo é a palavra que exprime um processo, isto é, aquilo que se passa no tempo. Assim sendo, por indicarem um fato devidamente localizado no tempo, os verbos têm sempre um aspecto **dinâmico**, ao contrário dos nomes (substantivos, adjetivos), que, ao representarem o mundo dos objetos, têm aspecto estático.

Observe no texto abaixo:

"Todo dia ela **faz** tudo sempre igual
Me **sacode** às seis horas da manhã
Me **sorri** um sorriso pontual
E me **beija** com a boca de hortelã"

Nesses versos, Chico Buarque retrata o cotidiano de um casal e enumera alguma ações praticadas pela mulher. Logo no primeiro verso, temos a forma verbal **faz** (*fazer*: "praticar", "realizar") e, na sequência, o compositor enumera as ações praticadas pela mulher, ou seja, o que ela faz: **sacudir**, **sorrir**, **beijar**. Pense nos verbos e você "verá" cenas dinâmicas, movimento.

Além das ações, o verbo também pode exprimir diversas outras situações, entre as quais:

- **estado:**

  A mulher **está** possessiva. (Estado circunstancial, passageiro.)

  A mulher **é** possessiva. (Estado permanente.)

- **mudança de estado:**

  A mulher **ficou** possessiva. (A mulher não era possessiva, agora é; houve uma mudança de estado.)

- **fenômeno de natureza:**

  Todo dia **chove** às duas da tarde.

- **existência:**

  Há muitas mulheres compreensivas.

- **desejo:**

  Quero uma namorada compreensiva.

- **conveniência:**

  Convém procurar bem: é uma rima e uma solução!

Outra característica do verbo, fundamental para sua definição, é o fato de ele ser a palavra variável que apresenta o maior número de flexões: **tempo**, **modo**, **número, pessoa** e **voz**.

Locução verbal

O processo verbal pode ser representado, também, por um conjunto formado por mais de um verbo; temos, assim, uma **locução verbal**.

As locuções verbais são compostas por um verbo principal, em uma de suas formas nominais (infinitivo, gerúndio, particípio), acompanhado por um verbo devidamente flexionado, que será o auxiliar. O verbo auxiliar tem a função de ampliar a significação do verbo principal. Os verbos auxiliares mais comuns são: **ser**, **estar**, **ter**, **haver**. Outros verbos, no entanto, também podem funcionar como auxiliares, como **andar**, **deixar**, **tomar**, **poder**, **ir**, **começar**, **acabar**, **querer**, **dever** etc. Observe:

Amanhã	poderá		chover.
	verbo auxiliar flexionado	+	*verbo principal (forma nominal)*

Nesse caso, **poderá** funciona como forma verbal auxiliar porque se junta a um verbo principal (**chover**), ampliando-lhe a significação – no caso, para dar a ideia de possibilidade.

Não é somente para a formação de locuções verbais, no entanto, que se empregam os verbos auxiliares. Os verbos **ter** e **haver** também são empregados na formação dos tempos compostos; os verbos **ser** e **estar**, na formação da voz passiva analítica. Observe:

Ele **havia** lido o relatório.

Nessa frase, o verbo **haver** junta-se ao particípio **lido**, formando com ele o pretérito mais-que-perfeito composto do indicativo.

O relatório **foi** lido.

Nesse outro exemplo, o verbo **ser** junta-se ao particípio **lido**, para formar com ele a voz passiva analítica.

Morfossintaxe do verbo

Sintaticamente, o verbo sempre integra o predicado; além disso, é a palavra em torno da qual se organiza a oração. Lembre-se de que podemos ter orações sem sujeito, mas não temos orações sem predicado (a regra prática para saber quantas orações há num período é contar o número de verbos: teremos tantas orações quanto for o número de verbos).

Os verbos que indicam o **estado** do sujeito da oração são chamados **verbos de ligação** e vêm sempre acompanhados de um predicativo. Nesse caso, temos um **predicado nominal** cujo núcleo é o nome (predicativo).

Os verbos que não são de ligação formam o núcleo do **predicado verbal** ou um dos núcleos do **predicado verbo-nominal.** Nesse último caso, além do verbo temos também um predicativo como núcleo.

Estrutura do verbo

As formas verbais apresentam três elementos em sua estrutura: **radical**, **vogal temática** e **desinências.**

- **Radical** — elemento mórfico que serve como base do significado. Obtém-se o radical do verbo tirando-se as terminações **-ar, -er, -ir** do infinitivo.

Infinitivo	Terminação	Radical
cantar	-ar	cant-
vender	-er	vend-
partir	-ir	part-

- **Vogal temática** — são as vogais **a**, **e**, **i** que se juntam ao radical, preparando-o para receber as desinências. Observe que, na língua portuguesa, é impossível a ligação **cant** + **r**; é necessário mais um elemento – no caso, a vogal temática. Dessa forma, temos:

cant	+	a	+	r
radical		*vogal temática*		*desinência*

Ao radical já acrescido da vogal temática damos o nome de **tema**.

A vogal temática indica a conjugação a que pertence o verbo. Em português temos três conjugações:

- vogal temática **-a** – primeira conjugação (cantar, amar, falar etc.);
- vogal temática **-e** – segunda conjugação (vender, comer, beber etc.);
- vogal temática **-i** – terceira conjugação (partir, dormir, cair etc.).

Dizer ordenadamente todas as flexões de um verbo é **conjugar** esse verbo. Assim, **conjugação** é o conjunto ordenado de todas as flexões de um verbo.

Observação:

O verbo **pôr** e seus derivados (**dispor, compor, repor** etc.), por razões históricas, pertencem à segunda conjugação, porque sua forma arcaica era **poer**. É interessante observar que a vogal temática está presente em palavras derivadas da forma verbal primitiva – po**e**nte, po**e**deira – e em determinadas flexões desse verbo – pus**é**ssemos, pus**e**r, pus**é**ramos.

- **Desinências** — são elementos mórficos que se juntam ao radical (ou ao tema) para indicar as flexões de modo e tempo (desinências modo-temporais) e as flexões de número e pessoa (desinências número-pessoais).

Radical	Vogal temática	Desinência modo-temporal	Desinência número-pessoal
cant-	-á-	-sse-	-mos
vend-	-ê-	-sse-	-mos
part-	-í-	-sse-	-mos

Formas rizotônicas e arrizotônicas

O primeiro passo é atentar para a formação dessas palavras: em **rizotônica** temos um radical grego, *riz(o)*, que significa "raiz"; temos outro radical grego, *tonos*, que significa "força", "altura de um som", daí derivando a palavra **tônica**, usada para indicar a sílaba mais forte de um vocábulo. Em **arrizotônica**, o processo é o mesmo, porém temos a presença do prefixo **a-**, indicador de "privação", "ausência".

Entendido o significado das palavras, o restante é fácil:

▸ formas rizotônicas – são as formas verbais em que o acento tônico cai no radical.

sílaba tônica	*sílaba tônica*
vend - o	es**tu**d - o
radical	*radical*

▸ formas arrizotônicas – são as formas verbais em que o acento tônico não cai no radical.

sílaba tônica	*sílaba tônica*
vend - e**rás**	estud - a**rí**amos
radical	*radical*

Flexões do verbo

Como já vimos, o verbo é a categoria gramatical que apresenta o maior número de flexões: modo, tempo, pessoa, número e voz.

As flexões de tempo, modo e voz são particularidades do verbo, servindo de elemento distintivo em relação às outras classes de palavras.

Modo

Entende-se por **modo** a atitude que o falante assume em relação ao processo verbal (de certeza, de dúvida, de ordem etc.). São três os modos do verbo:

▸ **modo indicativo** – apresenta o fato como certo, preciso, seja ele passado, presente ou futuro.

Ele **fala** inglês.

▸ **modo subjuntivo** – apresenta o fato como incerto, duvidoso.

Se **soubesse**, contaria.

▸ **modo imperativo** – exprime uma atitude de ordem ou solicitação.

Tranque a porta.

Tempo

Na definição, afirmamos que o verbo indica um processo devidamente localizado no tempo. Podemos, no entanto, deparar com três situações distintas: a) o processo está ocorrendo no momento em que se fala; b) o processo já ocorreu, sendo, portanto, anterior ao momento da fala; c) o processo ainda vai ocorrer.

Dessa forma, podemos caracterizar os três tempos verbais básicos:

- se o processo ocorre no momento da fala, temos o tempo **presente**.
  Ela me **beija** com a boca de hortelã.

- se o processo já ocorreu, temos o tempo **pretérito**.
  Ela me **beijou** com a boca de café.

- se o processo ainda vai ocorrer, temos o tempo **futuro**.
  Ela me **beijará** com a boca de paixão.

O presente é único, não apresenta subdivisões. Já o pretérito e o futuro admitem subdivisões. O pretérito pode ser perfeito, imperfeito e mais-que-perfeito. O futuro pode ser do presente ou do pretérito.

Unindo agora os modos verbais às várias possibilidades de localização do fato no tempo, podemos montar o seguinte esquema:

- **Indicativo**
  - presente
  - pretérito
    - imperfeito
    - perfeito
    - mais-que-perfeito
  - futuro
    - do presente
    - do pretérito
- **Subjuntivo**
  - presente
  - pretérito
    - imperfeito
    - perfeito
    - mais-que-perfeito
  - futuro
- **Imperativo**
  - presente
    - afirmativo
    - negativo

Pessoa

São três as pessoas do discurso:

- **primeira pessoa** – a que fala, o emissor.

  "E me **calo** com a boca de feijão."

  (Chico Buarque)

  E nos **calamos** com a boca de feijão.

- **segunda pessoa** – com quem se fala, o receptor, o interlocutor.

  Tu me **esperas** no portão.

  Vós me **esperais** no portão.

- **terceira pessoa** – a pessoa de quem se fala.

  Ela me **sacode** às seis horas da manhã.

  Elas me **sacodem** às seis horas da manhã.

Número

O verbo pode se apresentar no **singular** ou no **plural**, sempre acompanhando o sujeito da oração de que faz parte. Há uma íntima relação entre o sujeito e o verbo que integra o predicado da oração; assim, **o verbo sempre concorda com o sujeito em número e pessoa.**

Isso ocorre mesmo quando o sujeito, representado pelos pronomes pessoais retos, está implícito.

Paulo	**chegou** tarde.
sujeito	*predicado*

Paulo e Sandra	**chegaram** tarde.
sujeito	*predicado*

[eu]	**Cheguei** tarde.
sujeito	*predicado*

[tu]	**Chegaste** tarde.
sujeito	*predicado*

Voz

A flexão de voz indica a relação estabelecida entre o verbo e seu sujeito. Conforme o tipo dessa relação, o verbo pode se apresentar na voz ativa, na voz passiva ou na voz reflexiva.

- **voz ativa** – quando o sujeito é o agente, isto é, aquele que executa a ação expressa pelo verbo:

Ela (*sujeito*) me **beijou** (*verbo na voz ativa*).

> O conceito de voz ativa é um conceito gramatical. Na oração "O menino levou uma surra", gramaticalmente temos o verbo na voz ativa, embora o sujeito ("o menino") tenha sofrido a ação.

- **voz passiva** – quando o sujeito é paciente, ou seja, é o receptor da ação expressa pelo verbo. Há dois tipos de voz passiva:
  - **voz passiva analítica** – formada por verbo auxiliar conjugado mais particípio do verbo principal. O particípio deverá concordar em gênero e número com o sujeito a que se refere.

Ela (*sujeito*) **foi** (*verbo auxiliar*) **beijada** (*verbo principal*) por mim.

Eles (*sujeito*) **foram** (*verbo auxiliar*) **beijados** (*verbo principal*) por mim.

  - **voz passiva sintética** (ou pronominal) – formada por verbo na terceira pessoa mais o pronome apassivador **se**.

Ouviu- **se** o comentário.
Ouviram- **se** os comentários.
(*verbo 3.ª pessoa*) (*pronome apassivador*)

- **voz reflexiva** – quando o sujeito é ao mesmo tempo agente e paciente, ou seja, executor e receptor da ação expressa pelo verbo. A voz reflexiva apresenta sempre a seguinte construção: sujeito + verbo na voz ativa + pronome oblíquo reflexivo.

O moço (*sujeito*) **cortou-** (*verbo na voz ativa*) **se** (*pronome reflexivo*).

Na voz reflexiva, o verbo é acompanhado de um pronome oblíquo átono que funciona como complemento. Tais verbos são chamados **reflexivos**. Serão sempre verbos transitivos, como **cortar-se, lavar-se, pentear-se, ferir-se** etc.

Formas nominais do verbo

Existem três formas verbais que não apresentam flexão de tempo e modo, perdendo, dessa forma, as características exclusivas do verbo. Como desempenham funções próprias dos nomes (substantivo, adjetivo e advérbio), são denominadas **formas nominais**: infinitivo, particípio e gerúndio.

Infinitivo

Indica o processo propriamente dito, sem situá-lo no tempo; desempenha, assim, função semelhante à do substantivo:

É preciso **recuperar** os valores éticos.

O infinitivo pode apresentar flexão de pessoa, originando duas formas: o **infinitivo impessoal** (não flexionado) e o **infinitivo pessoal** (flexionado).

Particípio

Indica uma ação já acabada, desempenhando função semelhante à do adjetivo. O particípio flexiona-se em gênero e número, concordando com o substantivo a que se refere:

Preservada a natureza, sobreviveremos.

Preservado o meio ambiente, sobreviveremos.

Gerúndio

Indica um processo verbal em curso, desempenhando função semelhante à do adjetivo e à do advérbio. O gerúndio não apresenta flexão.

"**Caminhando** e **cantando** e **seguindo** a canção,
Somos todos iguais, braços dados ou não"

(Geraldo Vandré)

Tempos primitivos e derivados

Os verbos apresentam determinadas formas que dão origem a outras, sendo, por isso mesmo, chamadas **primitivas**. As formas primitivas (ou tempos primitivos) são:

- o presente do indicativo;
- o pretérito perfeito do indicativo;
- o infinitivo impessoal.

Todas as demais formas verbais, evidentemente, são consideradas **derivadas**.

Tempos derivados do presente do indicativo

Da primeira pessoa do singular do presente do indicativo obtemos o presente do subjuntivo, o imperativo negativo e o imperativo afirmativo.

Presente do subjuntivo

Para os verbos da primeira conjugação, troca-se a desinência **-o** pela desinência **-e**, acrescentando-se as desinências número-pessoais nas demais formas.

CANTAR					
Presente do indicativo		**Presente do subjuntivo**			
cant	o	cant	e		
cant	as	cant	e	s	
cant	a	cant	e		
cant	amos	cant	e	mos	
cant	ais	cant	e	is	
cant	am	cant	e	m	

Para os verbos da segunda e da terceira conjugação, troca-se a desinência **-a**, acrescentando-se as desinências número-pessoais nas demais formas.

VENDER				
Presente do indicativo		**Presente do subjuntivo**		
vend	o	vend	a	
vend	es	vend	a	s
vend	e	vend	a	
vend	emos	vend	a	mos
vend	eis	vend	a	is
vend	em	vend	a	m

PARTIR				
Presente do indicativo		**Presente do subjuntivo**		
part	o	part	a	
part	es	part	a	s
part	e	part	a	
part	imos	part	a	mos
part	is	part	a	is
part	em	part	a	m

Imperativo negativo

É idêntico ao presente do subjuntivo, bastando acrescentar a negação. Acompanhe a conjugação de **cantar**, **vender** e **partir** com as formas correspondentes do presente do subjuntivo.

CANTAR / VENDER / PARTIR		
Imperativo negativo		
—	—	—
não cantes	não vendas	não partas
não cante	não venda	não parta
não cantemos	não vendamos	não partamos
não canteis	não vendais	não partais
não cantem	não vendam	não partam

Imperativo afirmativo

As segundas pessoas (**tu** e **vós**) provêm do presente do indicativo, tirando-se o -**s** final; as demais pessoas são idênticas ao presente do subjuntivo.

CANTAR		
Presente do indicativo	**Imperativo afirmativo**	**Presente do subjuntivo**
canto	—	cante
cant as	cant a	cantes
canta	cante ←	cante
cantamos	cantemos ←	cantemos
cant ais	cant ai	canteis
cantam	cantem ←	cantem

VENDER		
Presente do indicativo	**Imperativo afirmativo**	**Presente do subjuntivo**
vendo	—	venda
vend es	vend e	vendas
vende	venda ←	venda
vendemos	vendamos ←	vendamos
vend eis	vend ei	vendais
vendem	vendam ←	vendam

PARTIR		
Presente do indicativo	**Imperativo afirmativo**	**Presente do subjuntivo**
parto	—	parta
part es	part e	partas
parte	parta ←	parta
partimos	partamos ←	partamos
part is	part i	partais
partem	partam ←	partam

Esse procedimento para formar o imperativo afirmativo não se aplica ao verbo **ser**, cujo imperativo afirmativo é:

—

sê

seja

sejamos

sede

sejam

Observações

- Caso o verbo não apresente a 1.ª pessoa do singular do presente do indicativo, evidentemente não possuirá o presente do subjuntivo nem o imperativo negativo. O imperativo afirmativo só possuirá as 2.as pessoas (singular e plural).
- No modo imperativo, os verbos não são conjugados na 1.ª pessoa do singular porque ninguém toma atitude de ordem com relação a si mesmo, em primeira pessoa.

Tempos derivados do pretérito perfeito do indicativo

Do tema do pretérito perfeito do indicativo obtemos o pretérito mais-que-perfeito do indicativo, o futuro do subjuntivo e o imperfeito do subjuntivo, bastando acrescentar as desinências ao tema do pretérito perfeito.

Obtém-se o tema do pretérito perfeito tirando-se a desinência **-ste** da 2.ª pessoa do singular do perfeito do indicativo. Veja como isso se processa com os verbos **cantar** (regular) e **ver** (irregular).

Pretérito perfeito	Desinência	Tema do pret. perfeito
cantaste	-ste	canta
viste	-ste	vi

Pretérito mais-que-perfeito do indicativo

CANTAR	
Pretérito mais-que-perfeito do indicativo	
Tema do pret. perfeito	Desinências
canta	ra
canta	ras
canta	ra
cantá	ramos
cantá	reis
canta	ram

VER	
PRETÉRITO MAIS-QUE-PERFEITO DO INDICATIVO	
TEMA DO PRET. PERFEITO	DESINÊNCIAS
vi	ra
vi	ras
vi	ra
ví	ramos
ví	reis
vi	ram

Pretérito imperfeito do subjuntivo

CANTAR	
PRETÉRITO IMPERFEITO DO SUBJUNTIVO	
TEMA DO PRET. PERFEITO	DESINÊNCIAS
canta	sse
canta	sses
canta	sse
cantá	ssemos
cantá	sseis
canta	ssem

VER	
PRETÉRITO IMPERFEITO DO SUBJUNTIVO	
TEMA DO PRET. PERFEITO	DESINÊNCIAS
vi	sse
vi	sses
vi	sse
ví	ssemos
ví	sseis
vi	ssem

Futuro do subjuntivo

CANTAR	
FUTURO DO SUBJUNTIVO	
TEMA DO PRET. PERFEITO	DESINÊNCIAS
canta	r
canta	res
canta	r
canta	rmos
canta	rdes
canta	rem

VER	
FUTURO DO SUBJUNTIVO	
TEMA DO PRET. PERFEITO	DESINÊNCIAS
vi	r
vi	res
vi	r
vi	rmos
vi	rdes
vi	rem

Tempos derivados do infinitivo impessoal

Do infinitivo impessoal, obtemos:

- futuro do presente do indicativo;
- futuro do pretérito do indicativo;
- infinitivo pessoal;
- particípio;
- gerúndio.

As desinências respectivas são acrescentadas ora ao próprio infinitivo impessoal ora a seu tema ou a seu radical. As desinências de cada tempo são:

- Futuro do presente: **-ei**, **-ás**, **-á**, **-emos**, **-eis**, **-ão**.
- Futuro do pretérito: **-ia**, **-ias**, **-ia**, **-íamos**, **-íeis**, **-iam**.
- Pretérito imperfeito do indicativo: **-va**, **-vas**, **-va**, **-vamos**, **-veis**, **-vam** (1.ª conjugação); **-ia**, **-ias**, **-ia**, **-íamos**, **-íeis**, **-iam** (2.ª e 3.ª conjugações).
- Infinitivo pessoal: –, **-es**, –, **-mos**, **-des**, **-em**.

- Particípio: -**ado** (1.ª conjugação); -**ido** (2.ª e 3.ª conjugações).
- Gerúndio: -**ndo**.

Veremos a seguir esses processos de formação, caso a caso.

Futuro do presente do indicativo

CANTAR / VER			
FUTURO DO PRESENTE DO INDICATIVO			
CANTAR (VERBO REGULAR)		VER (VERBO IRREGULAR)	
INFINITIVO IMPESSOAL	DESINÊNCIAS	INFINITIVO IMPESSOAL	DESINÊNCIAS
cantar	ei	ver	ei
cantar	ás	ver	ás
cantar	á	ver	á
cantar	emos	ver	emos
cantar	eis	ver	eis
cantar	ão	ver	ão

Futuro do pretérito do indicativo

CANTAR / VER			
FUTURO DO PRETÉRITO DO INDICATIVO			
CANTAR (VERBO REGULAR)		VER (VERBO IRREGULAR)	
INFINITIVO IMPESSOAL	DESINÊNCIAS	INFINITIVO IMPESSOAL	DESINÊNCIAS
cantar	ia	ver	ia
cantar	ias	ver	ias
cantar	ia	ver	ia
cantar	íamos	ver	íamos
cantar	íeis	ver	íeis
cantar	iam	ver	iam

Esse procedimento para a formação do futuro do presente e do futuro do pretérito não se aplica aos verbos **dizer**, **fazer** e **trazer**. Embora as desinências sejam as mesmas, elas não se juntam ao infinitivo impessoal. No futuro do presente e no futuro do pretérito, suas formas são as seguintes, respectivamente:

dizer	direi, dirás, dirá, diremos, direis, dirão
	diria, dirias, diria, diríamos, diríeis, diriam
fazer	farei, farás, fará, faremos, fareis, farão
	faria, farias, faria, faríamos, faríeis, fariam
trazer	trarei, trarás, trará, traremos, trareis, trarão
	traria, trarias, traria, traríamos, traríeis, trariam

Pretérito imperfeito do indicativo

Nos verbos da primeira conjugação, as desinências são acrescidas ao **tema** (**canta-**, no caso do verbo **cantar**).

CANTAR (1.ª CONJUGAÇÃO)	
PRETÉRITO IMPERFEITO DO INDICATIVO	
TEMA	DESINÊNCIAS
canta	va
canta	vas
canta	va
cantá	vamos
cantá	veis
canta	vam

Nos verbos de segunda e terceira conjugações, as desinências são acrescidas ao **radical** (**vend-** e **part-**, no caso de **vender** e **partir**, respectivamente).

VENDER (2.ª CONJUGAÇÃO) / PARTIR (3.ª CONJUGAÇÃO)			
PRETÉRITO IMPERFEITO DO INDICATIVO			
VENDER		PARTIR	
RADICAL	DESINÊNCIAS	RADICAL	DESINÊNCIAS
vend	ia	part	ia
vend	ias	part	ias
vend	ia	part	ia
vend	íamos	part	íamos
vend	íeis	part	íeis
vend	iam	part	iam

Infinitivo pessoal

A 1.ª e a 3.ª pessoas do singular são idênticas ao infinitivo impessoal. A 2.ª pessoa do singular é obtida pelo acréscimo da desinência **-es**, e a 1.ª, a 2.ª e a 3.ª pessoas do plural, pelo acréscimo das desinências **-mos**, **-des** e **-em**, respectivamente.

CANTAR	
INFINITIVO PESSOAL	
INFINITIVO IMPESSOAL	DESINÊNCIAS
cantar	
cantar	es
cantar	
cantar	mos
cantar	des
cantar	em

VENDER	
INFINITIVO PESSOAL	
INFINITIVO IMPESSOAL	DESINÊNCIAS
vender	
vender	es
vender	
vender	mos
vender	des
vender	em

PARTIR	
INFINITIVO PESSOAL	
INFINITIVO IMPESSOAL	DESINÊNCIAS
partir	
partir	es
partir	
partir	mos
partir	des
partir	em

Particípio

Forma-se o particípio acrescentando-se ao radical a desinência -**ado** nos verbos de primeira conjugação e a desinência -**ido** nos verbos de segunda e terceira conjugações.

Infinitivo impessoal	Particípio
cantar (radical: **cant-**)	cant ado
vender (radical: **vend-**)	vend ido
partir (radical: **part-**)	part ido

Em certos verbos, o particípio não é formado dessa forma: são os que apresentam o particípio irregular. Eis alguns deles:

Infinitivo	Particípio
abrir	aberto
circunscrever	circunscrito
cobrir	coberto
descrever	descrito
dizer	dito
escrever	escrito
fazer	feito
ganhar	ganho
gastar	gasto
inscrever	inscrito
pagar	pago
pôr	posto
proscrever	proscrito
recobrir	recoberto
subscrever	subscrito
transcrever	transcrito

Outros verbos apresentam duplo particípio: um regular (com as desinências -**ado** ou -**ido**) e um outro irregular.

INFINITIVO	PARTICÍPIO REGULAR	PARTICÍPIO IRREGULAR
aceitar	aceitado	aceito
acender	acendido	aceso
benzer	benzido	bento
concluir	concluído	concluso
defender	defendido	defeso
eleger	elegido	eleito
emergir	emergido	emerso
entregar	entregado	entregue
envolver	envolvido	envolto
enxugar	enxugado	enxuto
erigir	erigido	ereto
espargir	espargido	esparso
exaurir	exaurido	exausto
expelir	expelido	expulso
expressar	expressado	expresso
exprimir	exprimido	expresso
expulsar	expulsado	expulso
extinguir	extinguido	extinto
findar	findado	findo
frigir	frigido	frito
fritar	fritado	frito
imprimir	imprimido	impresso
incorrer	incorrido	incurso
inserir	inserido	inserto
isentar	isentado	isento
limpar	limpado	limpo
matar	matado	morto
ocultar	ocultado	oculto
pegar	pegado	pego[1]
prender	prendido	preso
romper	rompido	roto
salvar	salvado	salvo
segurar	segurado	seguro
soltar	soltado	solto
sujeitar	sujeitado	sujeito
surgir	surgido	surto
suspender	suspendido	suspenso
tingir	tingido	tinto

[1] Embora a norma culta estabeleça que o particípio do verbo **pegar** seja "pegado", hoje se usa habitualmente só a forma irregular ("pego").

Gerúndio

Para se formar o gerúndio, acrescenta-se a desinência **-ndo** ao tema do verbo.

INFINITIVO IMPESSOAL	GERÚNDIO
cantar (tema: **canta-**)	canta ndo
vender (tema: **vende-**)	vende ndo
partir (tema: **parti-**)	parti ndo

Tempos simples e tempos compostos

Quanto à forma, o tempo pode ser:

- **simples** – quando constituído por um só verbo.
  Recebi muitos elogios.
- **composto** – quando formado pelo verbo **ter** (ou **haver**) e um particípio.
  Tenho recebido muitos elogios.

São os seguintes os tempos compostos:

Modo indicativo

- **Pretérito perfeito** – formado pelo presente do indicativo do verbo auxiliar mais o particípio do verbo principal.
  Tenho/Hei cantado (vendido/partido...).
- **Pretérito mais-que-perfeito** – formado pelo pretérito imperfeito do indicativo do verbo auxiliar mais o particípio do verbo principal.
  Tinha/Havia cantado (vendido/partido...).
- **Futuro do presente** – formado pelo futuro do presente simples do verbo auxiliar mais o particípio do verbo principal.
  Terei/Haverei cantado (vendido/partido...).
- **Futuro do pretérito** – formado pelo futuro do pretérito simples do verbo auxiliar mais o particípio do verbo principal.
  Teria/Haveria cantado (vendido/partido...).

Modo subjuntivo

- **Pretérito perfeito** – formado pelo presente do subjuntivo do verbo auxiliar mais o particípio do verbo principal.
  Tenha/Haja cantado (vendido/partido...).
- **Pretérito mais-que-perfeito** – formado pelo imperfeito do subjuntivo do verbo auxiliar mais o particípio do verbo principal.
  Tivesse/Houvesse cantado (vendido/partido...).
- **Futuro** – formado pelo futuro do subjuntivo simples do verbo auxiliar mais o particípio do verbo principal.
  Tiver/Houver cantado (vendido/partido...).

Classificação dos verbos

Quanto à **flexão**, os verbos classificam-se em:

Regulares

São os que seguem o paradigma, isto é, o modelo da sua conjugação. Apresentamos nas páginas 48, 50 e 52 a conjugação completa dos verbos **cantar**, **bater** e **partir**, que tomaremos como paradigmas da primeira, segunda e terceira conjugação, respectivamente.

Quando um verbo é regular, o radical se mantém em todas as formas e as terminações são as mesmas do paradigma.

Dizer que os verbos regulares mantêm o mesmo radical em todas as formas não quer dizer que ele não possa apresentar alterações gráficas (a fim de conservar a identidade fonética).

Por isso, verbos como **ficar** (**fic**-o, **fiqu**-ei), **fingir** (**finj**-o, **fing**-es) e **vencer** (**venç**-o, **venc**-es) são classificados como regulares.

Irregulares

São aqueles que se afastam do paradigma, apresentando alterações ou no radical ou nas desinências.

Eu **peç**-o. ⟶ Tu **ped**-es.

Eu **est**-ou. ⟶ Tu **est**-ás.

Defectivos

São verbos de conjugação incompleta, isto é, que não apresentam certas formas. Veja abaixo a conjugação dos verbos **abolir** e **reaver** no presente do indicativo:

ABOLIR	
Presente do indicativo	
eu	—
tu	aboles
ele	abole
nós	abolimos
vós	abolis
eles	abolem

REAVER	
Presente do indicativo	
eu	—
tu	—
ele	—
nós	reavemos
vós	reaveis
eles	—

Nesses casos, as formas ausentes podem ser substituídas por uma locução verbal ou por um sinônimo. Exemplos:

Eu **cancelo/revogo...**

(para substituir a primeira pessoa do singular do presente do indicativo de **abolir**).

Eles **recuperam...**

(para substituir a terceira pessoa do plural do presente do indicativo de **reaver**).

Eu **estou falindo...**

(para substituir a primeira pessoa do singular do presente do indicativo de **falir**).

Verbos unipessoais

Damos o nome de **unipessoais** aos verbos que só se empregam na 3.ª pessoa do singular, ou na 3.ª pessoa do singular e na 3.ª pessoa do plural.

Os verbos que exprimem fenômenos da natureza (**chover**, **ventar**, **nevar**, **gear** etc.) só aparecem na 3.ª pessoa do singular.

Ventou muito ontem.

Amanhã **choverá**.

Nevou em Santa Catarina.

Na linguagem literária, no entanto, em que autores exploram construções gramaticais que fogem do padrão, buscando obter uma formulação mais expressiva, encontramos verbos impessoais flexionados. Observe o efeito obtido por Cecília Meireles nos versos abaixo:

"Chovem duas chuvas:
de água e de jasmins
por estes jardins
de flores e de nuvens."

MEIRELES, Cecília. *Cecília Meireles – obra poética*. 3. ed. Rio de Janeiro: Nova Aguilar, 1985. p. 690.

Nesse caso, temos o verbo na 3.ª pessoa do plural ("chovem") concordando com o sujeito plural "duas chuvas".

Os verbos que exprimem vozes de animais (**latir**, **miar**, **cacarejar**, **coaxar** etc.) só são empregados na 3.ª pessoa do singular e na 3.ª pessoa do plural.

Os sapos **coaxam** no brejo.

Cão que **late** muito não morde.

Abundantes

São os que apresentam mais de uma forma com mesmo valor ("tu constróis/construis"; "nós havemos/hemos"). A abundância dos verbos é notada com maior frequência no particípio de alguns verbos que, além do particípio regular (terminação **-ado**, **-ido**), podem apresentar outra forma irregular: **aceitado/aceito**; **entregado/entregue** (vide página 29).

Quanto à **função**, o verbo pode ser:

Principal

Quando possui significação plena na frase.

Comprei frutas.

Compraste frutas.

Compraram frutas.

Auxiliar

Quando se junta a uma forma nominal de um verbo principal, perdendo, com isso, sua significação. Os auxiliares mais comuns são: **ser**, **estar**, **ter** e **haver**, cuja conjugação completa apresentamos nas páginas 54, 56, 58 e 60.

Tenho comprado frutas.

Tens comprado frutas.

Tem comprado frutas.

Quanto à relação **sujeito-verbo**, o verbo pode ser:

Impessoal

São os verbos usados apenas na 3.ª pessoa do singular em orações que não apresentam sujeito (portanto, não há relação de concordância sujeito-verbo), como ocorre nos casos seguintes.

- Verbos que exprimem fenômenos naturais (chover, ventar, anoitecer, amanhecer, relampejar, trovejar, nevar etc.):

  Choveu torrencialmente em Mato Grosso.

  Nevou muito na Europa no ano passado.

  Anoiteceu de repente.

- Os verbos **fazer** e **estar** na indicação de tempo cronológico ou clima:

  Faz dois anos que ele viajou.

  Está frio.

- O verbo **haver** no sentido de existir ou indicando tempo transcorrido:

  Havia cinco alunos na biblioteca.

  Há dois meses que não vejo Maria.

> **Observação**
>
> O verbo **existir** não é impessoal. Sendo assim, possuirá sujeito expresso na oração, concordando normalmente com ele.
>
> Existiam quatro pessoas interessadas na vaga.
>
> Nesse caso, o verbo **existir** aparece na 3.ª pessoa do plural, concordando com o sujeito "quatro pessoas interessadas na vaga".

Quando um verbo auxiliar se junta a um impessoal, ele também fica no singular.

Pode haver muitas leis.

Vai fazer dois meses.

Alteração do verbo seguido de um pronome

Quando a forma verbal estiver seguida dos pronomes oblíquos átonos **o**, **a**, **os**, **as**, **nos**, podem ocorrer as seguintes alterações fonéticas:

- Se a forma verbal terminar em **r**, **s** ou **z** e estiver seguida do pronome oblíquo átono **o**, **a**, **os** ou **as**, a última letra do verbo desaparece e o pronome assume as formas **lo**, **la**, **los**, **las**.

  dizer-a ⟶ dizê-**la**

  partir-os ⟶ parti-**los**

  fez-o ⟶ fê-**lo**

- Se a forma verbal terminar em ditongo nasal (representado graficamente pelo dígrafo **am** e **em** ou por **ão**) e estiver seguida do pronome oblíquo átono **o**, **a**, **os** ou **as**, ela não sofre alteração, mas os pronomes assumem as formas **no**, **na**, **nos**, **nas**.

  receberam-a ⟶ receberam-**na**

  dão-o ⟶ dão-**no**

- Na primeira pessoa do plural, se a forma verbal estiver seguida do pronome oblíquo átono **nos**, ela perderá o **s** final.

queixamos-nos ⟶ queixamo-**nos**

Emprego dos modos e tempos verbais

Como vimos, o **modo verbal** revela a atitude do falante ao enunciar o processo verbal (de certeza, de dúvida, de mando etc.).

Modo indicativo

O indicativo apresenta o fato de modo certo, preciso, seja ele passado, presente ou futuro. Normalmente, é empregado nas orações principais.

Espero que todos compareçam.

O modo indicativo possui os seguintes tempos simples: presente, pretérito perfeito, pretérito imperfeito, pretérito mais-que-perfeito, futuro do presente e futuro do pretérito.

Presente

O presente do indicativo é usado para:

- exprimir um fato que ocorre no momento em que se fala.

  Ouço um ruído lá fora.

- indicar fatos ou estados permanentes, bem como exprimir uma verdade científica, um axioma.

  A Lua **é** um satélite.

- exprimir uma ação habitual.

  Não **trabalho** aos sábados.

- dar atualidade a fatos ocorridos no passado (presente histórico).

  Deodoro **proclama** a República em 1889.

- indicar fato futuro bastante próximo e tido como certo.

  Amanhã **telefono** para você.

- substituir o imperativo, indicando, numa linguagem afetuosa, mais um pedido que uma ordem.

  Você me **faz** um favor? (Em vez de "Faça-me um favor".)

Pretérito imperfeito

É usado para exprimir um fato anterior ao momento em que se fala, mas não o considerando concluído, acabado. Revela, pois, o fato em seu curso, em sua duração.

Ele **consertava** brinquedos.

O pretérito imperfeito do indicativo do verbo **ser** é também usado na narração de lendas e fábulas para situar vagamente a história no tempo.

Era uma vez...

Pretérito perfeito

É empregado para exprimir um fato passado, considerando-o acabado, concluído.

Ontem eu **telefonei** para você.

É importante notar as seguintes diferenças entre o pretérito perfeito e o pretérito imperfeito:

- o pretérito imperfeito exprime um fato passado habitual; o pretérito perfeito, um fato não habitual.

  Quando me **convidavam**, **comparecia**. (pretérito imperfeito)

  Quando me **convidaram**, **compareci**. (pretérito perfeito)

- o pretérito imperfeito exprime uma ação em seu curso, não definida no tempo; o pretérito perfeito exprime uma ação momentânea, **definida** no tempo.

  Naquela época, ele **praticava** esporte, **estudava** artes e **trabalhava**.

  No semestre passado, ele **praticou** esporte, **estudou** artes e **trabalhou**.

Pretérito mais-que-perfeito

Exprime um fato passado já concluído, tomado em relação a outro fato também passado.

Quando **resolveu** telefonar, ela já **saíra** com outro.

Na linguagem atual, tem-se empregado com maior frequência o pretérito mais-que-perfeito composto no lugar do pretérito mais--que-perfeito simples:

Quando resolveu telefonar, ela já **tinha saído** com outro.

Na linguagem literária, emprega-se o pretérito mais-que-perfeito simples para substituir o futuro do pretérito e o imperfeito do subjuntivo.

"(...) Mais **servira** se não **fora**
Para tão longo amor tão curta a vida!"

(Camões)

[servira = 'serviria'; fora = 'fosse']

Futuro do presente

Expressa um fato posterior ao momento em que se fala, tomando-o como certo ou provável.

Amanhã os campeões **desembarcarão** no aeroporto.

O futuro do presente, porém, também é empregado para exprimir:

- dúvida ou incerteza sobre fatos atuais.

  Será que ela ainda se lembra do meu endereço?

- um desejo ou uma ordem, caso em que possui valor imperativo.

  Não **matarás**.

Na linguagem atual, têm-se empregado locuções verbais formadas pelo verbo **ir** no presente do indicativo seguido do infinitivo do verbo principal para indicar uma ação futura imediata.

Amanhã **vou entregar** os trabalhos.

Futuro do pretérito

Emprega-se para:

- exprimir um fato futuro tomado em relação a um fato passado.

  Ele me afirmou que **compareceria** à conferência.

- exprimir dúvida ou incerteza sobre fatos passados.

  Naquela época, ele **teria** uns quarenta anos.

- indicar desejo de forma polida.

  Você me **faria** um favor?

- indicar surpresa ou indignação em certas frases interrogativas e exclamativas.

  Nunca **diria** uma coisa dessas!

- indicar fatos não realizados, ou que não se realizarão, limitados por uma condição.

  Se ele me convidasse, **iria**.

Modo subjuntivo

O subjuntivo apresenta o fato de modo incerto, impreciso, duvidoso. Normalmente, é empregado em orações que dependem de outras (subordinadas).

Teríamos viajado se **fizesse** calor.

São tempos simples do modo subjuntivo: presente, pretérito imperfeito e futuro.

Presente

O presente do subjuntivo é empregado nas orações subordinadas para expressar fatos presentes ou futuros.

É justo que eles **fiquem**. (presente)

Desejo que todos **compareçam**. (futuro)

Em orações independentes, é utilizado para exprimir um desejo.

Deus me **proteja**.

Que a terra lhes **seja** leve!

Pretérito imperfeito

O pretérito imperfeito do subjuntivo indica uma ação passada, presente ou futura em relação ao verbo da oração principal.

Se neste momento eu **tivesse** coragem, contaria a verdade. (presente)

Mesmo que **saísse** antes, não teria chegado a tempo. (passado)

Ficaria feliz se ele **fosse** à minha casa. (futuro)

Futuro

É empregado em orações subordinadas para indicar eventualidade no futuro.

Farei o trabalho se **tiver** tempo.

Modo imperativo

O imperativo exprime uma atitude de mando, solicitação, convite ou conselho. É empregado em orações absolutas, principais ou coordenadas.

Como o imperativo pode exprimir várias posturas, a entoação da frase será fundamental para exprimir a ideia pretendida.

No imperativo, o falante sempre se dirige a um interlocutor, por isso só possui as formas que admitem um interlocutor (2.as e 3.as pessoas e 1.a pessoa do plural).

Prestem atenção! (ordem)

Empreste-me o livro, por favor. (solicitação)

Venha ao meu aniversário, em minha casa. (convite)

Não **guarde** rancor, pode lhe dar uma gastrite. (conselho)

Emprego dos verbos de duplo particípio

Com os verbos que possuem duplo particípio, empregamos o particípio regular nas formas em voz ativa (normalmente acompanhado pelo verbo **ter** ou **haver**) e o irregular nas formas em voz passiva (normalmente acompanhado pelo verbo **ser** ou **estar**).

Tinham **entregado** a carta. (particípio regular)

Haviam **entregado** a carta. (particípio regular)

A carta **foi entregue**. (particípio irregular)

A carta **estava entregue**. (particípio irregular)

Emprego dos infinitivos

Não há propriamente regras que determinem o emprego do infinitivo; o que se observa são tendências e usos consagrados por competentes usuários do português.

Infinitivo não flexionado

Emprega-se o infinitivo não flexionado (impessoal):

- quando ele não estiver se referindo a sujeito nenhum.

  É preciso **sair**.

- na função de complemento nominal (virá regido de preposição).

  Esses exercícios eram fáceis de **resolver**.

- quando ele faz parte de uma locução verbal.

  Eles deviam **ir** ao cinema.

- quando ele tem valor de imperativo.

  Fazer silêncio, por favor.

Infinitivo flexionado

Emprega-se o infinitivo flexionado (pessoal) quando ele tiver sujeito próprio (expresso ou implícito), diferente do sujeito da oração principal.

O remédio era **ficarmos** em casa.

O costume é os jovens **falarem** e os velhos **ouvirem**.

No primeiro exemplo, o sujeito do infinitivo "ficarmos" é "nós" (implícito), diferente do sujeito da oração principal, que é "o remédio".

No segundo, os infinitivos "falarem" e "ouvirem" apresentam como sujeito, respectivamente, "os jovens" e "os velhos" (expressos), diferentes do sujeito da oração principal, que é "o costume".

Observação

Como se percebe, o emprego do infinitivo não flexionado valoriza a ação expressa pelo verbo; já o infinitivo flexionado valoriza o sujeito da ação expressa pelo verbo.

Aspecto verbal

Além das flexões, o verbo apresenta uma carga significativa muito particular: exprime a **duração** do processo indicado, ou seja, como o falante considera o desenvolvimento do processo.

Pense nas frases seguintes e observe como há diferenças na maneira de ser da ação:

Eu **partirei**. (ação que ainda vai se iniciar)

Ele **chegou**. (ação já concluída)

As aves **saltitam** pelo parque. (ação que se repete)

O falante pode considerar a ação expressa pelo verbo como **concluída** ou **não concluída**, como **momentânea** ou **permanente**, como um processo em sua **fase inicial** ou em sua **fase final** etc.

A essa propriedade, que realça o caráter dinâmico e temporal do verbo, chamamos **aspecto**.

Veremos, a seguir, os principais aspectos verbais:

- **aspecto perfeito** (ou **concluso**) e **imperfeito** (ou **inconcluso**) – essa é a distinção básica, herdada do latim (conforme nos explica o professor Mattoso Camara Jr.: "em latim, os tempos se distribuíam, em princípio, em dois grandes grupos correspondentes ao aspecto **imperfeito** e ao aspecto **perfeito**").

  Ela me **beijou** com a boca de hortelã. (verbo no pretérito perfeito, ação concluída: aspecto concluso)

Ela me **beijava** com a boca de hortelã. (verbo no pretérito imperfeito, ação não concluída: aspecto inconcluso)

- **aspecto incoativo** ou **inceptivo** – exprime o início de um processo.

  Comecei a estudar.

  Partirei imediatamente.

  Amanhece na floresta e os pássaros **começam a cantar**.

Alguns sufixos verbais, como -**ecer** e -**escer**, indicam o início de um processo e seu desenvolvimento (**amanhecer**, **enternecer**, **florescer**, **entardecer**, **anoitecer** etc.).

- **aspecto pontual ou momentâneo** – ação realizada de maneira súbita e instantânea.

  Acabo de receber o telegrama de meu pai.

Note que há uma diferença, em termos de precisão temporal, entre as formas "Acabo de receber" e "Recebi". Na primeira forma, a ação se processou num tempo imediatamente anterior ao da fala; na segunda, a ação se apresenta concluída e no passado, mas sem uma localização precisa: "Recebi ontem?"; "Recebi no mês passado?".

- **aspecto cessativo** – esse aspecto é indicado pela carga significativa de alguns verbos, como **parar**, **deixar**, **terminar**, entre outros; o falante destaca o final do processo.

  Parou de brincar.

  Abandonou os estudos.

- **aspecto durativo ou cursivo** – exprime um processo que está em curso; portanto, em pleno desenvolvimento, sem referência a seu início ou término.

  Todo dia ela **faz** tudo sempre igual.

  Estou estudando.

  Continuo a estudar.

- **aspecto durativo progressivo** – exprime um processo em curso e que se intensifica.

"Você **foi saindo** de mim
Devagar e pra sempre
De uma forma sincera
Definitivamente

Você **foi saindo** de mim
Por todos os meus poros
E **ainda está saindo**
Nas vezes em que choro
Nas vezes em que choro"

(Ivan Lins & Vitor Martins)

- **aspecto frequentativo ou iterativo** – o falante refere-se a uma ação repetida ou frequente; esse aspecto é indicado normalmente pelo sufixo verbal de valor diminutivo **(-iscar, -icar, -itar, -inhar, -ilhar).**

  O tico-tico **saltita** alegre.

Observe como o significado é outro quando você emprega o verbo **saltar**. O tico-tico saltita porque anda aos pulinhos (note a frequência da ação); já uma onça salta – ou seja, numa determinada situação, a onça pula.

- **aspecto permansivo** – exprime um processo já concluído e permanente em seus efeitos.

  Ele **aprendeu** a lição.

Ou seja, temos uma ação já realizada e conclusa (pretérito perfeito) cujos efeitos são persistentes, duradouros (ele não esquecerá a lição aprendida).

Concluindo

Apresentamos, aqui, apenas alguns aspectos verbais, os mais comuns. A relação poderia ser acrescida; há autores que chegam a relacionar mais de vinte aspectos verbais.

Fica aqui uma sugestão: pense na carga significativa de cada verbo, no significado que um verbo auxiliar acrescenta ao do verbo principal, na carga significativa dos sufixos verbais e, principalmente, no significado da frase como um todo.

Os verbos e o Acordo Ortográfico

Acentos diferenciais

O Acordo Ortográfico de 1990 aboliu o acento diferencial que existia em algumas palavras. As duas únicas palavras em que se emprega **obrigatoriamente** o acento diferencial são "pôde" (pretérito perfeito), que continua sendo acentuado por oposição a "pode" (presente do indicativo), e "pôr" (verbo), para diferenciar de "por" (preposição).

Como se percebe, a forma verbal "pára", que era acentuada para diferenciar da preposição "para", não mais recebe acento.

Pelo Acordo Ortográfico, pode-se usar **facultativamente** acento diferencial em:

a) "dêmos" (1.ª pessoa do plural do presente do subjuntivo) para diferenciar de "demos" (1.ª pessoa do plural do pretérito perfeito do indicativo).

b) nas formas da 1.ª pessoa do plural do pretérito perfeito do indicativo dos verbos da primeira conjugação para diferenciar da mesma pessoa e número do presente do indicativo: "amámos", "cantámos", "estudámos" (pretérito perfeito do indicativo).

Acentuação dos hiatos *oo* e *ee*

O Acordo Ortográfico aboliu também o acento circunflexo na primeira vogal dos hiatos **oo** e **ee**; assim, as formas verbais "abençoo", "coroo", "enjoo", "voo", "perdoo", "deem", "descreem", "leem", "releem" **não** são mais acentuadas.

Trema

O Acordo Ortográfico aboliu o trema; assim, formas verbais como "adequei", "arguir", "averigueis", "enxágue" **não** mais recebem o trema.

Verbos terminados em *-uir* e *-uar*

O Acordo Ortográfico altera a acentuação de verbos terminados em **-uir** e **-uar** da seguinte forma:

- os verbos **arguir** e **redarguir** prescindem do acento agudo na vogal tônica grafada **u** nas formas rizotônicas: "arguo", "arguis", "argui", "arguem"; "argua", "arguas", "argua", "arguam". Os verbos do tipo de **aguar**, **apaniguar**, **apaziguar**, **apropinquar**, **averiguar**, **desaguar**, **enxaguar**, **obliquar**, **delinquir** e afins, por oferecerem dois paradigmas, têm as formas rizôtonicas igualmente acentuadas no **u** mas sem marca gráfica (a exemplo de "averiguo", "averiguas", "averigua", "averiguam"; "averigue", "averigues", "averigue", "averiguem"; "enxaguo", "enxaguas", "enxagua", "enxaguam"; "enxague", "enxagues", "enxague", "enxaguem" etc.; "delinquo", "delinquis", "delinqui", "delinquem"; mas "delinquimos", "delinquis") ou têm as formas rizotônicas acentuadas fônica e graficamente nas vogais **a** ou **i** radicais (a exemplo de "averíguo", "averíguas", "averígua", "averíguam"; "averígue", "averígues", "averígue", "averíguem"; "enxáguo", "enxáguas", "enxágua", "enxáguam"; "enxágue", "enxágues", "enxágue", "enxáguem"; "delínquo", "delínques", "delínque", "delínquem"; "delínqua", "delínquas", "delínqua", "delínquam").

Observação

Em conexão com os casos referidos, registre-se que os verbos em **-ingir** (**atingir**, **cingir**, **constringir**, **infringir**, **tingir** etc.) e os verbos em **-inguir** em que o **u** não é pronunciado (**distinguir**, **extinguir** etc.) têm grafias absolutamente regulares ("atinjo", "atinja", "atinge", "atingimos" etc.; "distingo", "distinga", "distingue", "distinguimos" etc.).

Verbos terminados em *-iar*

O Acordo Ortográfico altera o paradigma de verbos terminados em **-iar** da seguinte forma: esses verbos, ligados a substantivos com as terminações átonas **-ia** ou **-io**, admitem variantes na conjugação: "negoceio" ou "negocio" (**negociar**, ligado ao substantivo **negócio**); "premeio" ou "premio" (**premiar**, ligado ao substantivo **prêmio**); "caluneio" ou "calunio" (**caluniar**, ligado ao substantivo **calúnia**), "influenceio" ou "influencio" (**influenciar**, ligado ao substantivo **influência**) etc.

Parte 2

Modelos de conjugação

Alguns verbos, considerados tradicionalmente defectivos, no uso têm sido conjugados como regulares e assim são apresentados por alguns dicionários.

1. Cantar

Modo indicativo

Presente	Pretérito imperfeito	Pretérito perfeito simples
cant o	cant ava	cant ei
cant as	cant avas	cant aste
cant a	cant ava	cant ou
cant amos	**cant ávamos**	cant amos
cant ais	**cant áveis**	cant astes
cant am	cant avam	cant aram

Pretérito perfeito composto	Pretérito mais-que--perfeito simples	Pretérito mais-que--perfeito composto
tenho cant ado	canta ra	tinha cant ado
tens cant ado	canta ras	tinhas cant ado
tem cant ado	canta ra	tinha cant ado
temos cant ado	**cantá ramos**	tínhamos cant ado
tendes cant ado	**cantá reis**	tínheis cant ado
têm cant ado	canta ram	tinham cant ado

Futuro do presente simples	Futuro do presente composto	Futuro do pretérito simples
cantar ei	terei cant ado	cantar ia
cantar ás	terás cant ado	cantar ias
cantar á	terá cant ado	cantar ia
cantar emos	teremos cant ado	**cantar íamos**
cantar eis	tereis cant ado	**cantar íeis**
cantar ão	terão cant ado	cantar iam

Futuro do pretérito composto
teria cant ado
terias cant ado
teria cant ado
teríamos cant ado
teríeis cant ado
teriam cant ado

Modo subjuntivo

Presente	Pretérito imperfeito	Pretérito perfeito	
cant e	canta sse	tenha	cant ado
cant es	canta sses	tenhas	cant ado
cant e	canta sse	tenha	cant ado
cant emos	**cantá ssemos**	tenhamos	cant ado
cant eis	**cantá sseis**	tenhais	cant ado
cant em	canta ssem	tenham	cant ado

Pretérito mais-que-perfeito		Futuro simples	Futuro composto	
tivesse	cant ado	canta r	tiver	cant ado
tivesses	cant ado	canta res	tiveres	cant ado
tivesse	cant ado	canta r	tiver	cant ado
tivéssemos	cant ado	canta rmos	tivermos	cant ado
tivésseis	cant ado	canta rdes	tiverdes	cant ado
tivessem	cant ado	canta rem	tiverem	cant ado

Modo imperativo

Afirmativo	Negativo
cant a(tu)	não cant es(tu)
cant e(você)	não cant e(você)
cant emos(nós)	não cant emos(nós)
cant ai(vós)	não cant eis(vós)
cant em(vocês)	não cant em(vocês)

Formas nominais

Infinitivo impessoal	Infinitivo pessoal
cant ar	cantar
	cantar es
	cantar
	cantar mos
	cantar des
	cantar em

Gerúndio	Particípio
canta ndo	cant ado

2. Bater

Modo indicativo

Presente	Pretérito imperfeito	Pretérito perfeito simples
bat o	bat ia	bat i
bat es	bat ias	bat este
bat e	bat ia	bat eu
bat emos	**bat íamos**	bat emos
bat eis	**bat íeis**	bat estes
bat em	bat iam	bat eram

Pretérito perfeito composto		Pretérito mais-que-perfeito simples	Pretérito mais-que-perfeito composto	
tenho	bat ido	bate ra	tinha	bat ido
tens	bat ido	bate ras	tinhas	bat ido
tem	bat ido	**bate ra**	tinha	bat ido
temos	bat ido	**batê ramos**	tínhamos	bat ido
tendes	bat ido	batê reis	tínheis	bat ido
têm	bat ido	bate ram	tinham	bat ido

Futuro do presente simples	Futuro do presente composto	
bater ei	terei	bat ido
bater ás	terás	bat ido
bater á	terá	bat ido
bater emos	teremos	bat ido
bater eis	tereis	bat ido
bater ão	terão	bat ido

Futuro do pretérito simples	Futuro do pretérito composto	
bater ia	teria	bat ido
bater ias	terias	bat ido
bater ia	teria	bat ido
bater íamos	teríamos	bat ido
bater íeis	teríeis	bat ido
bater iam	teriam	bat ido

Modo subjuntivo

Presente	Pretérito imperfeito	Pretérito perfeito
bat a	bate sse	tenha bat ido
bat as	bate sses	tenhas bat ido
bat a	bate sse	tenha bat ido
bat amos	**batê ssemos**	tenhamos bat ido
bat ais	**batê sseis**	tenhais bat ido
bat am	bate ssem	tenham bat ido

Pretérito mais-que-perfeito	Futuro simples	Futuro composto
tivesse bat ido	bate r	tiver bat ido
tivesses bat ido	bate res	tiveres bat ido
tivesse bat ido	bate r	tiver bat ido
tivéssemos bat ido	bate rmos	tivermos bat ido
tivésseis bat ido	bate rdes	tiverdes bat ido
tivessem bat ido	bate rem	tiverem bat ido

Modo imperativo

Afirmativo	Negativo
bat e(tu)	não bat as(tu)
bat a(você)	não bat a(você)
bat amos(nós)	não bat amos(nós)
bat ei(vós)	não bat ais(vós)
bat am(vocês)	não bat am(vocês)

Formas nominais

Infinitivo impessoal	Infinitivo pessoal
bat er	bater
	bater es
	bater
	bater mos
	bater des
	bater em

Gerúndio	Particípio
bate ndo	bat ido

3. Partir

Modo indicativo

Presente	Pretérito imperfeito	Pretérito perfeito simples
part o	part ia	part i
part es	part ias	part iste
part e	part ia	part iu
part imos	**part íamos**	part imos
part is	**part íeis**	part istes
part em	part iam	part iram

Pretérito perfeito composto		Pretérito mais-que--perfeito simples	Pretérito mais-que--perfeito composto	
tenho	part ido	parti ra	tinha	part ido
tens	part ido	parti ras	tinhas	part ido
tem	part ido	parti ra	tinha	part ido
temos	part ido	**partí ramos**	tínhamos	part ido
tendes	part ido	**partí reis**	tínheis	part ido
têm	part ido	parti ram	tinham	part ido

Futuro do presente simples	Futuro do presente composto		Futuro do pretérito simples
partir ei	terei	part ido	partir ia
partir ás	terás	part ido	partir ias
partir á	terá	part ido	partir ia
partir emos	teremos	part ido	**partir íamos**
partir eis	tereis	part ido	**partir íeis**
partir ão	terão	part ido	partir iam

Futuro do pretérito composto	
teria	part ido
terias	part ido
teria	part ido
teríamos	part ido
teríeis	part ido
teriam	part ido

Modo subjuntivo

Presente

part a
part as
part a
part amos
part ais
part am

Pretérito imperfeito

parti sse
parti sses
parti sse
partí ssemos
partí sseis
parti ssem

Pretérito perfeito

tenha part ido
tenhas part ido
tenha part ido
tenhamos part ido
tenhais part ido
tenham part ido

Pretérito mais-que--perfeito

tivesse part ido
tivesses part ido
tivesse part ido
tivéssemos part ido
tivésseis part ido
tivessem part ido

Futuro simples

parti r
parti res
parti r
parti rmos
parti rdes
parti rem

Futuro composto

tiver part ido
tiveres part ido
tiver part ido
tivermos part ido
tiverdes part ido
tiverem part ido

Modo imperativo

Afirmativo

part e(tu)
part a(você)
part amos(nós)
part i(vós)
part am(vocês)

Negativo

não part as(tu)
não part a(você)
não part amos(nós)
não part ais(vós)
não part am(vocês)

Formas nominais

Infinitivo impessoal

part ir

Infinitivo pessoal

partir
partir es
partir
partir mos
partir des
partir em

Gerúndio

parti ndo

Particípio

part ido

4. Ser

Modo indicativo

Presente

sou
és
é
somos
sois
são

Pretérito imperfeito

era
eras
era
éramos
éreis
eram

Pretérito perfeito simples

fui
foste
foi
fomos
fostes
foram

Pretérito perfeito composto

tenho	sido
tens	sido
tem	sido
temos	sido
tendes	sido
têm	sido

Pretérito mais-que-perfeito simples

fora
foras
fora
fôramos
fôreis
foram

Pretérito mais-que-perfeito composto

tinha	sido
tinhas	sido
tinha	sido
tínhamos	sido
tínheis	sido
tinham	sido

Futuro do presente simples

serei
ser**ás**
ser**á**
seremos
sereis
serão

Futuro do presente composto

terei	sido
terás	sido
terá	sido
teremos	sido
tereis	sido
terão	sido

Futuro do pretérito simples

seria
serias
seria
seríamos
seríeis
seriam

Futuro do pretérito composto

teria	sido
terias	sido
teria	sido
teríamos	sido
teríeis	sido
teriam	sido

Modo subjuntivo

Presente	Pretérito imperfeito	Pretérito perfeito
seja	fosse	tenha sido
sejas	fosses	tenhas sido
seja	fosse	tenha sido
sejamos	fôssemos	tenhamos sido
sejais	fôsseis	tenhais sido
sejam	fossem	tenham sido

Pretérito mais-que-perfeito	Futuro simples	Futuro composto
tivesse sido	for	tiver sido
tivesses sido	fores	tiveres sido
tivesse sido	for	tiver sido
tivéssemos sido	formos	tivermos sido
tivésseis sido	fordes	tiverdes sido
tivessem sido	forem	tiverem sido

Modo imperativo

Afirmativo	Negativo
sê(tu)	não sejas(tu)
seja(você)	não seja(você)
sejamos(nós)	não sejamos(nós)
sede(vós)	não sejais(vós)
sejam(vocês)	não sejam(vocês)

Formas nominais

Infinitivo impessoal	Infinitivo pessoal
ser	ser
	seres
	ser
	sermos
	serdes
	serem

Gerúndio	Particípio
sendo	sido

5. Estar

Modo indicativo

Presente

estou
estás
está
estamos
estais
estão

Pretérito imperfeito

estava
estavas
estava
estávamos
estáveis
estavam

Pretérito perfeito simples

estive
estiveste
esteve
estivemos
estivestes
estiveram

Pretérito perfeito composto

tenho	estado
tens	estado
tem	estado
temos	estado
tendes	estado
têm	estado

Pretérito mais-que-perfeito simples

estivera
estiveras
estivera
estivéramos
estivéreis
estiveram

Pretérito mais-que-perfeito composto

tinha	estado
tinhas	estado
tinha	estado
tínhamos	estado
tínheis	estado
tinham	estado

Futuro do presente simples

estarei
estarás
estará
estaremos
estareis
estarão

Futuro do presente composto

terei	estado
terás	estado
terá	estado
teremos	estado
tereis	estado
terão	estado

Futuro do pretérito simples

estaria
estarias
estaria
estaríamos
estaríeis
estariam

Futuro do pretérito composto

teria	estado
terias	estado
teria	estado
teríamos	estado
teríeis	estado
teriam	estado

Modo subjuntivo

Presente	Pretérito imperfeito	Pretérito perfeito
esteja	estivesse	tenha estado
estejas	estivesses	tenhas estado
esteja	estivesse	tenha estado
estejamos	estivéssemos	tenhamos estado
estejais	estivésseis	tenhais estado
estejam	estivessem	tenham estado

Pretérito mais-que-perfeito	Futuro simples	Futuro composto
tivesse estado	estiver	tiver estado
tivesses estado	estiveres	tiveres estado
tivesse estado	estiver	tiver estado
tivéssemos estado	estivermos	tivermos estado
tivésseis estado	estiverdes	tiverdes estado
tivessem estado	estiverem	tiverem estado

Modo imperativo

Afirmativo	Negativo
está(tu)	não estejas(tu)
esteja(você)	não esteja(você)
estejamos(nós)	não estejamos(nós)
estai(vós)	não estejais(vós)
estejam(vocês)	não estejam(vocês)

Formas nominais

Infinitivo impessoal	Infinitivo pessoal
estar	estar
	estares
	estar
	estarmos
	estardes
	estarem

Gerúndio	Particípio
estando	estado

6. Ter

Modo indicativo

Presente

tenho
tens
tem
temos
tendes
têm

Pretérito imperfeito

tinha
tinhas
tinha
tínhamos
tínheis
tinham

Pretérito perfeito simples

tive
tiveste
teve
tivemos
tivestes
tiveram

Pretérito perfeito composto

tenho	tido
tens	tido
tem	tido
temos	tido
tendes	tido
têm	tido

Pretérito mais-que-perfeito simples

tivera
tiveras
tivera
tivéramos
tivéreis
tiveram

Pretérito mais-que-perfeito composto

tinha	tido
tinhas	tido
tinha	tido
tínhamos	tido
tínheis	tido
tinham	tido

Futuro do presente simples

terei
terás
terá
teremos
tereis
terão

Futuro do presente composto

terei	tido
terás	tido
terá	tido
teremos	tido
tereis	tido
terão	tido

Futuro do pretérito simples

teria
terias
teria
teríamos
teríeis
teriam

Futuro do pretérito composto

teria	tido
terias	tido
teria	tido
teríamos	tido
teríeis	tido
teriam	tido

Modo subjuntivo

Presente	Pretérito imperfeito	Pretérito perfeito	
tenha	tivesse	tenha	tido
tenhas	tivesses	tenhas	tido
tenha	tivesse	tenha	tido
tenhamos	tivéssemos	tenhamos	tido
tenhais	tivésseis	tenhais	tido
tenham	tivessem	tenham	tido

Pretérito mais-que-perfeito		Futuro simples	Futuro composto	
tivesse	tido	tiver	tiver	tido
tivesses	tido	tiveres	tiveres	tido
tivesse	tido	tiver	tiver	tido
tivéssemos	tido	tivermos	tivermos	tido
tivésseis	tido	tiverdes	tiverdes	tido
tivessem	tido	tiverem	tiverem	tido

Modo imperativo

Afirmativo	Negativo
tem(tu)	não tenhas(tu)
tenha(você)	não tenha(você)
tenhamos(nós)	não tenhamos(nós)
tende(vós)	não tenhais(vós)
tenham(vocês)	não tenham(vocês)

Formas nominais

Infinitivo impessoal	Infinitivo pessoal
ter	ter
	teres
	ter
	termos
	terdes
	terem

Gerúndio	Particípio
tendo	tido

7. Haver

Modo indicativo

Presente

hei
hás
há
havemos
haveis
hão

Pretérito imperfeito

havia
havias
havia
havíamos
havíeis
haviam

Pretérito perfeito simples

houve
houveste
houve
houvemos
houvestes
houveram

Pretérito perfeito composto

tenho havido
tens havido
tem havido
temos havido
tendes havido
têm havido

Pretérito mais-que-perfeito simples

houvera
houveras
houvera
houvéramos
houvéreis
houveram

Pretérito mais-que-perfeito composto

tinha havido
tinhas havido
tinha havido
tínhamos havido
tínheis havido
tinham havido

Futuro do presente simples

haverei
haverás
haverá
haveremos
havereis
haverão

Futuro do presente composto

terei havido
terás havido
terá havido
teremos havido
tereis havido
terão havido

Futuro do pretérito simples

haveria
haverias
haveria
haveríamos
haveríeis
haveriam

Futuro do pretérito composto

teria havido
terias havido
teria havido
teríamos havido
teríeis havido
teriam havido

Modo subjuntivo

Presente	Pretérito imperfeito	Pretérito perfeito	
haja	houvesse	tenha	havido
hajas	houvesses	tenhas	havido
haja	houvesse	tenha	havido
hajamos	houvéssemos	tenhamos	havido
hajais	houvésseis	tenhais	havido
hajam	houvessem	tenham	havido

Pretérito mais-que-perfeito		Futuro simples	Futuro composto	
tivesse	havido	houver	tiver	havido
tivesses	havido	houveres	tiveres	havido
tivesse	havido	houver	tiver	havido
tivéssemos	havido	houvermos	tivermos	havido
tivésseis	havido	houverdes	tiverdes	havido
tivessem	havido	houverem	tiverem	havido

Modo imperativo

Afirmativo	Negativo
há(tu)	não hajas(tu)
haja(você)	não haja(você)
hajamos(nós)	não hajamos(nós)
havei(vós)	não hajais(vós)
hajam(vocês)	não hajam(vocês)

Formas nominais

Infinitivo impessoal	Infinitivo pessoal
haver	haver
	haveres
	haver
	havermos
	haverdes
	haverem

Gerúndio	Particípio
havendo	havido

8. Abolir (Defectivo)

Não se conjuga na 1.ª pessoa do singular do presente do indicativo e nas formas daí derivadas.

Indicativo

Presente: Não se conjuga na 1.ª pessoa.	Imperfeito	Perfeito
—	abolia	aboli
aboles	abolias	aboliste
abole	abolia	aboliu
abolimos	abolíamos	abolimos
abolis	abolíeis	abolistes
abolem	aboliam	aboliram

Mais-que-perfeito	Fut. do presente	Fut. do pretérito
abolira	abolirei	aboliria
aboliras	abolirás	abolirias
abolira	abolirá	aboliria
abolíramos	aboliremos	aboliríamos
abolíreis	abolireis	aboliríeis
aboliram	abolirão	aboliriam

Subjuntivo

Presente: Não há.	Imperfeito	Futuro
—	abolisse	abolir
	abolisses	abolires
	abolisse	abolir
	abolíssemos	abolirmos
	abolísseis	abolirdes
	abolissem	abolirem

Imperativo

Afirmativo: Só se conjuga nas 2.as pessoas.	Negativo: Não há.
abole	—
aboli	

Formas nominais

Infinitivo impessoal	Infinitivo pessoal	Gerúndio
abolir	abolir	abolindo
	abolires	
	abolir	**Particípio**
	abolirmos	abolido
	abolirdes	
	abolirem	

9. Acentuar (Regular)

A imensa maioria dos verbos terminados em -**uar** são regulares.

Indicativo

Presente	Imperfeito	Perfeito
acentuo	acentuava	acentuei
acentuas	acentuavas	acentuaste
acentua	acentuava	acentuou
acentuamos	acentuávamos	acentuamos
acentuais	acentuáveis	acentuastes
acentuam	acentuavam	acentuaram

Mais-que-perfeito	Fut. do presente	Fut. do pretérito
acentuara	acentuarei	acentuaria
acentuaras	acentuarás	acentuarias
acentuara	acentuará	acentuaria
acentuáramos	acentuaremos	acentuaríamos
acentuáreis	acentuareis	acentuaríeis
acentuaram	acentuarão	acentuariam

Subjuntivo

Presente	Imperfeito	Futuro
acentue	acentuasse	acentuar
acentues	acentuasses	acentuares
acentue	acentuasse	acentuar
acentuemos	acentuássemos	acentuarmos
acentueis	acentuásseis	acentuardes
acentuem	acentuassem	acentuarem

Imperativo

Afirmativo	Negativo
—	—
acentua	não acentues
acentue	não acentue
acentuemos	não acentuemos
acentuai	não acentueis
acentuem	não acentuem

Formas nominais

Infinitivo impessoal	Infinitivo pessoal	Gerúndio
acentuar	acentuar	acentuando
	acentuares	
	acentuar	**Particípio**
	acentuarmos	acentuado
	acentuardes	
	acentuarem	

10. Acudir (Irregular)

Apresenta alternância vocálica gráfica: o **u** do radical muda para **o** em algumas formas do presente do indicativo e na 2.ª pessoa do singular do imperativo afirmativo.

Indicativo

Presente	Imperfeito	Perfeito
acudo	acudia	acudi
acodes	acudias	acudiste
acode	acudia	acudiu
acudimos	acudíamos	acudimos
acudis	acudíeis	acudistes
acodem	acudiam	acudiram

Mais-que-perfeito	Fut. do presente	Fut. do pretérito
acudira	acudirei	acudiria
acudiras	acudirás	acudirias
acudira	acudirá	acudiria
acudíramos	acudiremos	acudiríamos
acudíreis	acudireis	acudiríeis
acudiram	acudirão	acudiriam

Subjuntivo

Presente	Imperfeito	Futuro
acuda	acudisse	acudir
acudas	acudisses	acudires
acuda	acudisse	acudir
acudamos	acudíssemos	acudirmos
acudais	acudísseis	acudirdes
acudam	acudissem	acudirem

Imperativo

Afirmativo	Negativo
—	—
acode	não acudas
acuda	não acuda
acudamos	não acudamos
acudi	não acudais
acudam	não acudam

Formas nominais

Infinitivo impessoal	Infinitivo pessoal	Gerúndio
acudir	acudir	acudindo
	acudires	
	acudir	**Particípio**
	acudirmos	acudido
	acudirdes	
	acudirem	

11. Adequar (Defectivo)

Faltam-lhe diversas pessoas do presente do indicativo e as formas delas derivadas. É mais utilizado como pronominal – **adequar-se**.

Indicativo

Presente: Possui só a 1.ª e a 2.ª pessoa do plural.	Imperfeito	Perfeito
—	adequava	adequei
—	adequavas	adequaste
—	adequava	adequou
adequamos	adequávamos	adequamos
adequais	adequáveis	adequastes
—	adequavam	adequaram

Mais-que-perfeito	Fut. do presente	Fut. do pretérito
adequara	adequarei	adequaria
adequaras	adequarás	adequarias
adequara	adequará	adequaria
adequáramos	adequaremos	adequaríamos
adequáreis	adequareis	adequaríeis
adequaram	adequarão	adequariam

Subjuntivo

Presente: Não há.	Imperfeito	Futuro
—	adequasse	adequar
	adequasses	adequares
	adequasse	adequar
	adequássemos	adequarmos
	adequásseis	adequardes
	adequassem	adequarem

Imperativo

Afirmativo: Possui só a 2.ª pessoa do plural.	Negativo: Não há.
adequai	—

Formas nominais

Infinitivo impessoal	Infinitivo pessoal	Gerúndio
adequar	adequar	adequando
	adequares	
	adequar	**Particípio**
	adequarmos	adequado
	adequardes	
	adequarem	

12. Aderir (Irregular)

Apresenta alternância vocálica gráfica: o **e** do radical muda para **i** na 1.ª pessoa do singular do presente do indicativo e nas formas daí derivadas.

Indicativo

Presente	Imperfeito	Perfeito
adiro	aderia	aderi
aderes	aderias	aderiste
adere	aderia	aderiu
aderimos	aderíamos	aderimos
aderis	aderíeis	aderistes
aderem	aderiam	aderiram

Mais-que-perfeito	Fut. do presente	Fut. do pretérito
aderira	aderirei	aderiria
aderiras	aderirás	aderirias
aderira	aderirá	aderiria
aderíramos	aderiremos	aderiríamos
aderíreis	aderireis	aderiríeis
aderiram	aderirão	adeririam

Subjuntivo

Presente	Imperfeito	Futuro
adira	aderisse	aderir
adiras	aderisses	aderires
adira	aderisse	aderir
adiramos	aderíssemos	aderirmos
adirais	aderísseis	aderirdes
adiram	aderissem	aderirem

Imperativo

Afirmativo	Negativo
—	—
adere	não **adiras**
adira	não **adira**
adiramos	não **adiramos**
aderi	não **adirais**
adiram	não **adiram**

Formas nominais

Infinitivo impessoal	Infinitivo pessoal	Gerúndio
aderir	aderir	aderindo
	aderires	
	aderir	**Particípio**
	aderirmos	aderido
	aderirdes	
	aderirem	

13. Agredir (Irregular)

Apresenta alternância vocálica gráfica: o **e** do radical muda para **i** em algumas pessoas do presente do indicativo e nas formas delas derivadas.

Indicativo

Presente	Imperfeito	Perfeito
agrido	agredia	agredi
agrides	agredias	agrediste
agride	agredia	agrediu
agredimos	agredíamos	agredimos
agredis	agredíeis	agredistes
agridem	agrediam	agrediram

Mais-que-perfeito	Fut. do presente	Fut. do pretérito
agredira	agredirei	agrediria
agrediras	agredirás	agredirias
agredira	agredirá	agrediria
agredíramos	agrediremos	agrediríamos
agredíreis	agredireis	agrediríeis
agrediram	agredirão	agrediriam

Subjuntivo

Presente	Imperfeito	Futuro
agrida	agredisse	agredir
agridas	agredisses	agredires
agrida	agredisse	agredir
agridamos	agredíssemos	agredirmos
agridais	agredísseis	agredirdes
agridam	agredissem	agredirem

Imperativo

Afirmativo	Negativo
—	—
agride	não **agridas**
agrida	não **agrida**
agridamos	não **agridamos**
agredi	não **agridais**
agridam	não **agridam**

Formas nominais

Infinitivo impessoal	Infinitivo pessoal	Gerúndio
agredir	agredir	agredindo
	agredires	
	agredir	**Particípio**
	agredirmos	agredido
	agredirdes	
	agredirem	

14. Almoçar (Regular)

Apresenta acomodação gráfica: o **c** do radical perde a cedilha antes de **e**.

Indicativo

Presente	Imperfeito	Perfeito
almoço	almoçava	**almocei**
almoças	almoçavas	almoçaste
almoça	almoçava	almoçou
almoçamos	almoçávamos	almoçamos
almoçais	almoçáveis	almoçastes
almoçam	almoçavam	almoçaram

Mais-que-perfeito	Fut. do presente	Fut. do pretérito
almoçara	almoçarei	almoçaria
almoçaras	almoçarás	almoçarias
almoçara	almoçará	almoçaria
almoçáramos	almoçaremos	almoçaríamos
almoçáreis	almoçareis	almoçaríeis
almoçaram	almoçarão	almoçariam

Subjuntivo

Presente	Imperfeito	Futuro
almoce	almoçasse	almoçar
almoces	almoçasses	almoçares
almoce	almoçasse	almoçar
almocemos	almoçássemos	almoçarmos
almoceis	almoçásseis	almoçardes
almocem	almoçassem	almoçarem

Imperativo

Afirmativo	Negativo
—	—
almoça	não **almoces**
almoce	não **almoce**
almocemos	não **almocemos**
almoçai	não **almoceis**
almocem	não **almocem**

Formas nominais

Infinitivo impessoal	Infinitivo pessoal	Gerúndio
almoçar	almoçar	almoçando
	almoçares	
	almoçar	**Particípio**
	almoçarmos	almoçado
	almoçardes	
	almoçarem	

15. Apiedar-se (Irregular)

Apresenta uma conjugação mista de **apiedar-se** e **apiadar-se**.

Indicativo

Presente	Imperfeito	Perfeito
apiado-me	apiedava-me	apiedei-me
apiadas-te	apiedavas-te	apiedaste-te
apiada-se	apiedava-se	apiedou-se
apiedamo-nos	apiedávamo-nos	apiedamo-nos
apiedais-vos	apiedáveis-vos	apiedastes-vos
apiadam-se	apiedavam-se	apiedaram-se

Mais-que-perfeito	Fut. do presente	Fut. do pretérito
apiedara-me	apiedar-me-ei	apiedar-me-ia
apiedaras-te	apiedar-te-ás	apiedar-te-ias
apiedara-se	apiedar-se-á	apiedar-se-ia
apiedáramo-nos	apiedar-nos-emos	apiedar-nos-íamos
apiedáreis-vos	apiedar-vos-eis	apiedar-vos-íeis
apiedaram-se	apiedar-se-ão	apiedar-se-iam

Subjuntivo

Presente	Imperfeito	Futuro
eu me **apiade**	eu me apiedasse	eu me apiedar
tu te **apiades**	tu te apiedasses	tu te apiedares
ele se **apiade**	ele se apiedasse	ele se apiedar
nós nos apiedemos	nós nos apiedássemos	nós nos apiedarmos
vós vos apiedeis	vós vos apiedásseis	vós vos apiedardes
eles se **apiadem**	eles se apiedassem	eles se apiedarem

Imperativo

Afirmativo	Negativo
—	—
apiada-te	não te **apiades**
apiade-se	não se **apiade**
apiedemo-nos	não nos **apiedemos**
apiedai-vos	não vos apiedeis
apiadem-se	não se **apiadem**

Formas nominais

Infinitivo impessoal	Infinitivo pessoal	Gerúndio
apiedar-se	apiedar-me	apiedando-se
	apiedares-te	
	apiedar-se	**Particípio**
	apiedarmo-nos	apiedado
	apiedardes-vos	
	apiedarem-se	

16. Aprazer (Irregular)

É empregado mais frequentemente nas 3.as pessoas. A forma pronominal **aprazer-se** é empregada correntemente em todas as pessoas.

Entre outras irregularidades, apresenta duas formas na 2.ª pessoa do singular do imperativo afirmativo.

Indicativo

Presente	Imperfeito	Perfeito
aprazo	aprazia	aprouve
aprazes	aprazias	aprouveste
apraz	aprazia	aprouve
aprazemos	aprazíamos	aprouvemos
aprazeis	aprazíeis	aprouvestes
aprazem	apraziam	aprouveram

Mais-que-perfeito	Fut. do presente	Fut. do pretérito
aprouvera	aprazerei	aprazeria
aprouveras	aprazerás	aprazerias
aprouvera	aprazerá	aprazeria
aprouvéramos	aprazeremos	aprazeríamos
aprouvéreis	aprazereis	aprazeríeis
aprouveram	aprazerão	aprazeriam

Subjuntivo

Presente	Imperfeito	Futuro
apraza	aprouvesse	aprouver
aprazas	aprouvesses	aprouveres
apraza	aprouvesse	aprouver
aprazamos	aprouvéssemos	aprouvermos
aprazais	aprouvésseis	aprouverdes
aprazam	aprouvessem	aprouverem

Imperativo

Afirmativo	Negativo
—	—
apraz/apraze	não aprazas
apraza	não apraza
aprazamos	não aprazamos
aprazei	não aprazais
aprazam	não aprazam

Formas nominais

Infinitivo impessoal	Infinitivo pessoal	Gerúndio
aprazer	aprazer	aprazendo
	aprazeres	
	aprazer	**Particípio**
	aprazermos	aprazido
	aprazerdes	
	aprazerem	

17. Apropinquar (Duplo paradigma)

É mais utilizado como pronominal (**apropinquar-se**).

Indicativo

Presente	Imperfeito	Perfeito
aprop*ín*quo/apropinq**u**o	apropinquava	apropinquei
aprop*ín*quas/apropinq**u**as	apropinquavas	apropinquaste
aprop*ín*qua/apropinq**u**a	apropinquava	apropinquou
apropinquamos	apropinquávamos	apropinquamos
apropinquais	apropinquáveis	apropinquastes
aprop*ín*quam/apropinq**u**am	apropinquavam	apropinquaram

Mais-que-perfeito	Fut. do presente	Fut. do pretérito
apropinquara	apropinquarei	apropinquaria
apropinquaras	apropinquarás	apropinquarias
apropinquara	apropinquará	apropinquaria
apropinquáramos	apropinquaremos	apropinquaríamos
apropinquáreis	apropinquareis	apropinquaríeis
apropinquaram	apropinquarão	apropinquariam

Subjuntivo

Presente	Imperfeito	Futuro
aprop*ín*que/apropinq**u**e	apropinquasse	apropinquar
aprop*ín*ques/apropinq**u**es	apropinquasses	apropinquares
aprop*ín*que/apropinq**u**e	apropinquasse	apropinquar
apropinquemos	apropinquássemos	apropinquarmos
apropinqueis	apropinquásseis	apropinquardes
aprop*ín*quem/apropinq**u**em	apropinquassem	apropinquarem

Imperativo

Afirmativo	Negativo
—	—
aprop*ín*qua/apropinq**u**a	não aprop*ín*ques/apropinq**u**es
aprop*ín*que/apropinq**u**e	não aprop*ín*que/apropinq**u**e
apropinquemos	não apropinquemos
apropinquai	não apropinqueis
aprop*ín*quem/apropinq**u**em	não aprop*ín*quem/apropinq**u**em

Formas nominais

Infinitivo impessoal	Infinitivo pessoal	Gerúndio
apropinquar	apropinquar	apropinquando
	apropinquares	
	apropinquar	**Particípio**
	apropinquarmos	apropinquado
	apropinquardes	
	apropinquarem	

18. Arguir (Regular)

Indicativo

Presente	Imperfeito	Perfeito
arguo	arguia	argui
arguis	arguias	arguiste
argui	arguia	arguiu
arguimos	arguíamos	arguimos
arguis	arguíeis	arguistes
arguem	arguiam	arguiram

Mais-que-perfeito	Fut. do presente	Fut. do pretérito
arguira	arguirei	arguiria
arguiras	arguirás	arguirias
arguira	arguirá	arguiria
arguíramos	arguiremos	arguiríamos
arguíreis	arguireis	arguiríeis
arguiram	arguirão	arguiriam

Subjuntivo

Presente	Imperfeito	Futuro
argua	arguisse	arguir
arguas	arguisses	arguires
argua	arguisse	arguir
arguamos	arguíssemos	arguirmos
arguais	arguísseis	arguirdes
arguam	arguissem	arguirem

Imperativo

Afirmativo	Negativo
—	—
argui	não arguas
argua	não argua
arguamos	não arguamos
argui	não arguais
arguam	não arguam

Formas nominais

Infinitivo impessoal	Infinitivo pessoal	Gerúndio
arguir	arguir	arguindo
	arguires	
	arguir	**Particípio**
	arguirmos	arguido
	arguirdes	
	arguirem	

19. Averiguar (Duplo paradigma)

Indicativo

Presente	Imperfeito	Perfeito
averíguo/averiguo	averiguava	averiguei
averíguas/averiguas	averiguavas	averiguaste
averígua/averigua	averiguava	averiguou
averiguamos	averiguávamos	averiguamos
averiguais	averiguáveis	averiguastes
averíguam/averiguam	averiguavam	averiguaram

Mais-que-perfeito	Fut. do presente	Fut. do pretérito
averiguara	averiguarei	averiguaria
averiguaras	averiguarás	averiguarias
averiguara	averiguará	averiguaria
averiguáramos	averiguaremos	averiguaríamos
averiguáreis	averiguareis	averiguaríeis
averiguaram	averiguarão	averiguariam

Subjuntivo

Presente	Imperfeito	Futuro
averígue/averigue	averiguasse	averiguar
averígues/averigues	averiguasses	averiguares
averígue/averigue	averiguasse	averiguar
averiguemos	averiguássemos	averiguarmos
averigueis	averiguásseis	averiguardes
averíguem/averiguem	averiguassem	averiguarem

Imperativo

Afirmativo	Negativo
averígua/averigua	não averígues/averigues
averígue/averigue	não averígue/averigue
averiguemos	não averiguemos
averiguai	não averigueis
averíguem/averiguem	não averíguem/averiguem

Formas nominais

Infinitivo impessoal	Infinitivo pessoal	Gerúndio
averiguar	averiguar	averiguando
	averiguares	
	averiguar	**Particípio**
	averiguarmos	averiguado
	averiguardes	
	averiguarem	

20. Caber (Irregular)

Não é usado no imperativo. Seu derivado **descaber** só é utilizado no particípio.

Indicativo

Presente	Imperfeito	Perfeito
caibo	cabia	coube
cabes	cabias	coubeste
cabe	cabia	coube
cabemos	cabíamos	coubemos
cabeis	cabíeis	coubestes
cabem	cabiam	couberam

Mais-que-perfeito	Fut. do presente	Fut. do pretérito
coubera	caberei	caberia
couberas	caberás	caberias
coubera	caberá	caberia
coubéramos	caberemos	caberíamos
coubéreis	cabereis	caberíeis
couberam	caberão	caberiam

Subjuntivo

Presente	Imperfeito	Futuro
caiba	coubesse	couber
caibas	coubesses	couberes
caiba	coubesse	couber
caibamos	coubéssemos	coubermos
caibais	coubésseis	couberdes
caibam	coubessem	couberem

Imperativo

Afirmativo: Não é usado.	Negativo:Não é usado.
—	—

Formas nominais

Infinitivo impessoal	Infinitivo pessoal	Gerúndio
caber	caber	cabendo
	caberes	
	caber	**Particípio**
	cabermos	cabido
	caberdes	
	caberem	

21. Cear (Irregular)

O **e** do radical transforma-se em **ei** nas formas rizotônicas.

Indicativo

Presente	Imperfeito	Perfeito
ceio	ceava	ceei
ceias	ceavas	ceaste
ceia	ceava	ceou
ceamos	ceávamos	ceamos
ceais	ceáveis	ceastes
ceiam	ceavam	cearam

Mais-que-perfeito	Fut. do presente	Fut. do pretérito
ceara	cearei	cearia
cearas	cearás	cearias
ceara	ceará	cearia
ceáramos	cearemos	cearíamos
ceáreis	ceareis	cearíeis
cearam	cearão	peariam

Subjuntivo

Presente	Imperfeito	Futuro
ceie	ceasse	cear
ceies	ceasses	ceares
ceie	ceasse	cear
ceemos	ceássemos	cearmos
ceeis	ceásseis	teardes
ceiem	ceassem	cearem

Imperativo

Afirmativo	Negativo
—	—
ceia	não **ceies**
ceie	não **ceie**
ceemos	não ceemos
ceai	não ceeis
ceiem	não **ceiem**

Formas nominais

Infinitivo impessoal	Infinitivo pessoal	Gerúndio
cear	cear	ceando
	ceares	
	cear	**Particípio**
	cearmos	ceado
	teardes	
	cearem	

22. Conduzir (Irregular)

Não apresenta a desinência **e** na 3.ª pessoa do singular do presente do indicativo.

Possui duas formas na 2.ª pessoa do singular do imperativo afirmativo.

Indicativo

Presente	Imperfeito	Perfeito
conduzo	conduzia	conduzi
conduzes	conduzias	conduziste
conduz	conduzia	conduziu
conduzimos	conduzíamos	conduzimos
conduzis	conduzíeis	conduzistes
conduzem	conduziam	conduziram

Mais-que-perfeito	Fut. do presente	Fut. do pretérito
conduzira	conduzirei	conduziria
conduziras	conduzirás	conduzirias
conduzira	conduzirá	conduziria
conduzíramos	conduziremos	conduziríamos
conduzíreis	conduzireis	conduziríeis
conduziram	conduzirão	conduziriam

Subjuntivo

Presente	Imperfeito	Futuro
conduza	conduzisse	conduzir
conduzas	conduzisses	conduzires
conduza	conduzisse	conduzir
conduzamos	conduzíssemos	conduzirmos
conduzais	conduzísseis	conduzirdes
conduzam	conduzissem	conduzirem

Imperativo

Afirmativo	Negativo
conduze/conduz	não conduzas
conduza	não conduza
conduzamos	não conduzamos
conduzi	não conduzais
conduzam	não conduzam

Formas nominais

Infinitivo impessoal	Infinitivo pessoal	Gerúndio
conduzir	conduzir	conduzindo
	conduzires	
	conduzir	**Particípio**
	conduzirmos	conduzido
	conduzirdes	
	conduzirem	

23. Construir (Irregular)

Admite também as formas "construis", "construi" e "construem" no presente do indicativo e "construi" no imperativo afirmativo. Veja observação no modelo 65.

Indicativo

Presente	Imperfeito	Perfeito
construo	construía	construí
constróis/construís	construías	construíste
constrói/construí	construía	construiu
construímos	construíamos	construímos
construís	construíeis	construístes
constroem/construem	construíam	construíram

Mais-que-perfeito	Fut. do presente	Fut. do pretérito
construíra	construirei	construiria
construíras	construirás	construirias
construíra	construirá	construiria
construíramos	construiremos	construiríamos
construíreis	construireis	construiríeis
construíram	construirão	construiriam

Subjuntivo

Presente	Imperfeito	Futuro
construa	construísse	construir
construas	construísses	construíres
construa	construísse	construir
construamos	construíssemos	construirmos
construais	construísseis	construirdes
construam	construíssem	construírem

Imperativo

Afirmativo	Negativo
—	—
constrói/construí	não construas
construa	não construa
construamos	não construamos
construí	não construais
construam	não construam

Formas nominais

Infinitivo impessoal	Infinitivo pessoal	Gerúndio
construir	construir	construindo
	construíres	
	construir	**Particípio**
	construirmos	construído
	construirdes	
	construírem	

24. Copiar (Regular)

Os verbos em **-iar** ligados a substantivos com terminações átonas **-io**, **-ia** admitem variantes na conjugação: **copeio** ou **copio** (**copiar**, ligado ao substantivo **cópia**).

Indicativo

Presente	Imperfeito	Perfeito
copio	copiava	copiei
copias	copiavas	copiaste
copia	copiava	copiou
copiamos	copiávamos	copiamos
copiais	copiáveis	copiastes
copiam	copiavam	copiaram

Mais-que-perfeito	Fut. do presente	Fut. do pretérito
copiara	copiarei	copiaria
copiaras	copiarás	copiarias
copiara	copiará	copiaria
copiáramos	copiaremos	copiaríamos
copiáreis	copiareis	copiaríeis
copiaram	copiarão	copiariam

Subjuntivo

Presente	Imperfeito	Futuro
copie	copiasse	copiar
copies	copiasses	copiares
copie	copiasse	copiar
copiemos	copiássemos	copiarmos
copieis	copiásseis	copiardes
copiem	copiassem	copiarem

Imperativo

Afirmativo	Negativo
—	—
copia	não copies
copie	não copie
copiemos	não copiemos
copiai	não copieis
copiem	não copiem

Formas nominais

Infinitivo impessoal	Infinitivo pessoal	Gerúndio
copiar	copiar	copiando
	copiares	
	copiar	**Particípio**
	copiarmos	copiado
	copiardes	
	copiarem	

25. Crer (Irregular)

Atenção para o ditongo **ei**, que surge na 1.ª pessoa do singular do presente do indicativo e nas formas daí derivadas.

Indicativo

Presente	Imperfeito	Perfeito
creio	cria	cri
crês	crias	creste
crê	cria	creu
cremos	críamos	cremos
credes	críeis	crestes
creem	criam	creram

Mais-que-perfeito	Fut. do presente	Fut. do pretérito
crera	crerei	creria
creras	crerás	crerias
crera	crerá	creria
crêramos	creremos	creríamos
crêreis	crereis	creríeis
creram	crerão	creriam

Subjuntivo

Presente	Imperfeito	Futuro
creia	cresse	crer
creias	cresses	creres
creia	cresse	crer
creiamos	crêssemos	crermos
creiais	crêsseis	crerdes
creiam	cressem	crerem

Imperativo

Afirmativo	Negativo
—	—
crê	não **creias**
creia	não **creia**
creiamos	não **creiamos**
crede	não **creiais**
creiam	não **creiam**

Formas nominais

Infinitivo impessoal	Infinitivo pessoal	Gerúndio
crer	crer	crendo
	creres	
	crer	**Particípio**
	crermos	crido
	crerdes	
	crerem	

26. Dar (Irregular)

Indicativo

Presente	Imperfeito	Perfeito
dou	dava	dei
dás	davas	deste
dá	dava	deu
damos	dávamos	demos
dais	dáveis	destes
dão	davam	deram

Mais-que-perfeito	Fut. do presente	Fut. do pretérito
dera	darei	daria
deras	darás	darias
dera	dará	daria
déramos	daremos	daríamos
déreis	dareis	daríeis
deram	darão	dariam

Subjuntivo

Presente	Imperfeito	Futuro
dê	desse	der
dês	desses	deres
dê	desse	der
demos (dêmos)	déssemos	dermos
deis	désseis	derdes
deem	dessem	derem

Imperativo

Afirmativo	Negativo
—	—
dá	não dês
dê	não dê
demos	não demos
dai	não deis
deem	não deem

Formas nominais

Infinitivo impessoal	Infinitivo pessoal	Gerúndio
dar	dar	dando
	dares	
	dar	**Particípio**
	darmos	dado
	dardes	
	darem	

27. Distinguir (Regular)

Apresenta acomodação gráfica: suprime-se o **u** do radical na 1.ª pessoa do singular do presente do indicativo e nas formas daí derivadas.

Indicativo

Presente	Imperfeito	Perfeito
distingo	distinguia	distingui
distingues	distinguias	distinguiste
distingue	distinguia	distinguiu
distinguimos	distinguíamos	distinguimos
distinguis	distinguíeis	distinguistes
distinguem	distinguiam	distinguiram

Mais-que-perfeito	Fut. do presente	Fut. do pretérito
distinguira	distinguirei	distinguiria
distinguiras	distinguirás	distinguirias
distinguira	distinguirá	distinguiria
distinguíramos	distinguiremos	distinguiríamos
distinguíreis	distinguireis	distinguiríeis
distinguiram	distinguirão	distinguiriam

Subjuntivo

Presente	Imperfeito	Futuro
distinga	distinguisse	distinguir
distingas	distinguisses	distinguires
distinga	distinguisse	distinguir
distingamos	distinguíssemos	distinguirmos
distingais	distinguísseis	distinguirdes
distingam	distinguissem	distinguirem

Imperativo

Afirmativo	Negativo
—	—
distingue	não **distingas**
distinga	não **distinga**
distingamos	não **distingamos**
distingui	não **distingais**
distingam	não **distingam**

Formas nominais

Infinitivo impessoal	Infinitivo pessoal	Gerúndio
distinguir	distinguir	distinguindo
	distinguires	
	distinguir	**Particípio**
	distinguirmos	distinguido
	distinguirdes	
	distinguirem	

28. Divergir (Irregular)

Apresenta alternância vocálica e acomodação gráfica na 1.ª pessoa do singular do presente do indicativo e nas formas daí derivadas: o **e** do radical muda para **i**; o **g** muda para **j**.

Indicativo

Presente	Imperfeito	Perfeito
divirjo	divergia	divergi
diverges	divergias	divergiste
diverge	divergia	divergiu
divergimos	divergíamos	divergimos
divergis	divergíeis	divergistes
divergem	divergiam	divergiram

Mais-que-perfeito	Fut. do presente	Fut. do pretérito
divergira	divergirei	divergiria
divergiras	divergirás	divergirias
divergira	divergirá	divergiria
divergíramos	divergiremos	divergiríamos
divergíreis	divergireis	divergiríeis
divergiram	divergirão	divergiriam

Subjuntivo

Presente	Imperfeito	Futuro
divirja	divergisse	divergir
divirjas	divergisses	divergires
divirja	divergisse	divergir
divirjamos	divergíssemos	divergirmos
divirjais	divergísseis	divergirdes
divirjam	divergissem	divergirem

Imperativo

Afirmativo	Negativo
—	—
diverge	não **divirjas**
divirja	não **divirja**
divirjamos	não **divirjamos**
divergi	não **divirjais**
divirjam	não **divirjam**

Formas nominais

Infinitivo impessoal	Infinitivo pessoal	Gerúndio
divergir	divergir	divergindo
	divergires	
	divergir	**Particípio**
	divergirmos	divergido
	divergirdes	
	divergirem	

29. Dizer (Irregular)

Na 2.ª pessoa do singular do imperativo afirmativo há duas formas de mesmo valor.

Indicativo

Presente	Imperfeito	Perfeito
digo	dizia	disse
dizes	dizias	disseste
diz	dizia	disse
dizemos	dizíamos	dissemos
dizeis	dizíeis	dissestes
dizem	diziam	disseram

Mais-que-perfeito	Fut. do presente	Fut. do pretérito
dissera	direi	diria
disseras	dirás	dirias
dissera	dirá	diria
disséramos	diremos	diríamos
disséreis	direis	diríeis
disseram	dirão	diriam

Subjuntivo

Presente	Imperfeito	Futuro
diga	dissesse	disser
digas	dissesses	disseres
diga	dissesse	disser
digamos	disséssemos	dissermos
digais	dissésseis	disserdes
digam	dissessem	disserem

Imperativo

Afirmativo	Negativo
—	—
diz/dize	não digas
diga	não diga
digamos	não digamos
dizei	não digais
digam	não digam

Formas nominais

Infinitivo impessoal	Infinitivo pessoal	Gerúndio
dizer	dizer	dizendo
	dizeres	
	dizer	**Particípio**
	dizermos	dito
	dizerdes	
	dizerem	

30. Doer (Defectivo)

Apresenta apenas as 3.as pessoas (singular e plural). Não possui o modo imperativo.

Indicativo

Presente	Imperfeito	Perfeito
—	—	—
—	—	—
dói	doía	doeu
—	—	—
—	—	—
doem	doíam	doeram

Mais-que-perfeito	Fut. do presente	Fut. do pretérito
—	—	—
—	—	—
doera	doerá	doeria
—	—	—
—	—	—
doeram	doerão	doeriam

Subjuntivo

Presente	Imperfeito	Futuro
—	—	—
—	—	—
doa	doesse	doer
—	—	—
—	—	—
doam	doessem	doerem

Imperativo

Afirmativo: Não há.	Negativo: Não há.
—	—

Formas nominais

Infinitivo impessoal	Infinitivo pessoal	Gerúndio
doer	—	doendo
	—	
	doer	**Particípio**
	—	doído
	—	
	doerem	

31. Dormir (Irregular)

Apresenta alternância vocálica gráfica: o **o** muda para **u** na 1.ª pessoa do singular do presente do indicativo e nas formas daí derivadas.

Indicativo

Presente	Imperfeito	Perfeito
durmo	dormia	dormi
dormes	dormias	dormiste
dorme	dormia	dormiu
dormimos	dormíamos	dormimos
dormis	dormíeis	dormistes
dormem	dormiam	dormiram

Mais-que-perfeito	Fut. do presente	Fut. do pretérito
dormira	dormirei	dormiria
dormiras	dormirás	dormirias
dormira	dormirá	dormiria
dormíramos	dormiremos	dormiríamos
dormíreis	dormireis	dormiríeis
dormiram	dormirão	dormiriam

Subjuntivo

Presente	Imperfeito	Futuro
durma	dormisse	dormir
durmas	dormisses	dormires
durma	dormisse	dormir
durmamos	dormíssemos	dormirmos
durmais	dormísseis	dormirdes
durmam	dormissem	dormirem

Imperativo

Afirmativo	Negativo
—	—
dorme	não **durmas**
durma	não **durma**
durmamos	não **durmamos**
dormi	não **durmais**
durmam	não **durmam**

Formas nominais

Infinitivo impessoal	Infinitivo pessoal	Gerúndio
dormir	dormir	dormindo
	dormires	
	dormir	**Particípio**
	dormirmos	dormido
	dormirdes	
	dormirem	

32. Enxaguar (Duplo paradigma)

Atenção para a posição da sílaba tônica: eu en**xá**guo, ele en**xá**gua, que eu en**xá**gue. Essa sílaba leva acento agudo nas formas rizotônicas.

Indicativo

Presente	Imperfeito	Perfeito
en**xá**guo/enxag**u**o	enxaguava	enxaguei
en**xá**guas/enxag**u**as	enxaguavas	enxaguaste
en**xá**gua/enxag**u**a	enxaguava	enxaguou
enxaguamos	enxaguávamos	enxaguamos
enxaguais	enxaguáveis	enxaguastes
en**xá**guam/enxag**u**am	enxaguavam	enxaguaram

Mais-que-perfeito	Fut. do presente	Fut. do pretérito
enxaguara	enxaguarei	enxaguaria
enxaguaras	enxaguarás	enxaguarias
enxaguara	enxaguará	enxaguaria
enxaguáramos	enxaguaremos	enxaguaríamos
enxaguáreis	enxaguareis	enxaguaríeis
enxaguaram	enxaguarão	enxaguariam

Subjuntivo

Presente	Imperfeito	Futuro
en**xá**gue/enxag**u**e	enxaguasse	enxaguar
en**xá**gues/enxag**u**es	enxaguasses	enxaguares
en**xá**gue/enxag**u**e	enxaguasse	enxaguar
enxaguemos	enxaguássemos	enxaguarmos
enxagueis	enxaguásseis	enxaguardes
en**xá**guem/enxag**u**em	enxaguassem	enxaguarem

Imperativo

Afirmativo	Negativo
—	—
en**xá**gua/enxag**u**a	não en**xá**gues/enxag**u**es
en**xá**gue/enxag**u**e	não en**xá**gue/enxag**u**e
enxaguemos	não enxaguemos
enxaguai	não enxagueis
en**xá**guem/enxag**u**em	não en**xá**guem/enxag**u**em

Formas nominais

Infinitivo impessoal	Infinitivo pessoal	Gerúndio
enxaguar	enxaguar	enxaguando
	enxaguares	
	enxaguar	**Particípio**
	enxaguarmos	enxaguado
	enxaguardes	
	enxaguarem	

33. Erguer (Regular)

Apresenta acomodação gráfica: perde o **u** do radical na 1.ª pessoa do singular do presente do indicativo e nas formas daí derivadas.

Indicativo

Presente	Imperfeito	Perfeito
ergo	erguia	ergui
ergues	erguias	ergueste
ergue	erguia	ergueu
erguemos	erguíamos	erguemos
ergueis	erguíeis	erguestes
erguem	erguiam	ergueram

Mais-que-perfeito	Fut. do presente	Fut. do pretérito
erguera	erguerei	ergueria
ergueras	erguerás	erguerias
erguera	erguerá	ergueria
erguêramos	ergueremos	ergueríamos
erguêreis	erguereis	ergueríeis
ergueram	erguerão	ergueriam

Subjuntivo

Presente	Imperfeito	Futuro
erga	erguesse	erguer
ergas	erguesses	ergueres
erga	erguesse	erguer
ergamos	erguêssemos	erguermos
ergais	erguêsseis	erguerdes
ergam	erguessem	erguerem

Imperativo

Afirmativo	Negativo
—	—
ergue	não **ergas**
erga	não **erga**
ergamos	não **ergamos**
erguei	não **ergais**
ergam	não **ergam**

Formas nominais

Infinitivo impessoal	Infinitivo pessoal	Gerúndio
erguer	erguer	erguendo
	ergueres	
	erguer	**Particípio**
	erguermos	erguido
	erguerdes	
	erguerem	

34. Falir (Defectivo)

Falta-lhe a maioria das pessoas do presente do indicativo e as formas delas derivadas.

Indicativo

Presente: Só possui a primeira e a segunda pessoa do plural.	Imperfeito	Perfeito
—	falia	fali
—	falias	faliste
—	falia	faliu
falimos	falíamos	falimos
falis	falíeis	falistes
—	faliam	faliram

Mais-que-perfeito	Fut. do presente	Fut. do pretérito
falira	falirei	faliria
faliras	falirás	falirias
falira	falirá	faliria
falíramos	faliremos	faliríamos
falíreis	falireis	faliríeis
faliram	falirão	faliriam

Subjuntivo

Presente: Não há.	Imperfeito	Futuro
—	falisse	falir
	falisses	falires
	falisse	falir
	falíssemos	falirmos
	falísseis	falirdes
	falissem	falirem

Imperativo

Afirmativo: Só possui a segunda pessoa do plural.	Negativo: Não há.
—	—
—	
—	
—	
fali	
—	

Formas nominais

Infinitivo impessoal	Infinitivo pessoal	Gerúndio
falir	falir	falindo
	falires	
	falir	**Particípio**
	falirmos	falido
	falirdes	
	falirem	

35. Fazer (Irregular)

Na 2.ª pessoa do singular do imperativo afirmativo há duas formas de mesmo valor.

Indicativo

Presente	Imperfeito	Perfeito
faço	fazia	fiz
fazes	fazias	fizeste
faz	fazia	fez
fazemos	fazíamos	fizemos
fazeis	fazíeis	fizestes
fazem	faziam	fizeram

Mais-que-perfeito	Fut. do presente	Fut. do pretérito
fizera	farei	faria
fizeras	farás	farias
fizera	fará	faria
fizéramos	faremos	faríamos
fizéreis	fareis	faríeis
fizeram	farão	fariam

Subjuntivo

Presente	Imperfeito	Futuro
faça	fizesse	fizer
faças	fizesses	fizeres
faça	fizesse	fizer
façamos	fizéssemos	fizermos
façais	fizésseis	fizerdes
façam	fizessem	fizerem

Imperativo

Afirmativo	Negativo
—	—
faz/faze	não faças
faça	não faça
façamos	não façamos
fazei	não façais
façam	não façam

Formas nominais

Infinitivo impessoal	Infinitivo pessoal	Gerúndio
fazer	fazer	fazendo
	fazeres	
	fazer	**Particípio**
	fazermos	feito
	fazerdes	
	fazerem	

36. Ficar (Regular)

Apresenta acomodação gráfica: o **c** muda para **qu** antes de **e**.

Indicativo

Presente	Imperfeito	Perfeito
fico	ficava	**fiquei**
ficas	ficavas	ficaste
fica	ficava	ficou
ficamos	ficávamos	ficamos
ficais	ficáveis	ficastes
ficam	ficavam	ficaram

Mais-que-perfeito	Fut. do presente	Fut. do pretérito
ficara	ficarei	ficaria
ficaras	ficarás	ficarias
ficara	ficará	ficaria
ficáramos	ficaremos	ficaríamos
ficáreis	ficareis	ficaríeis
ficaram	ficarão	ficariam

Subjuntivo

Presente	Imperfeito	Futuro
fique	ficasse	ficar
fiques	ficasses	ficares
fique	ficasse	ficar
fiquemos	ficássemos	ficarmos
fiqueis	ficásseis	ficardes
fiquem	ficassem	ficarem

Imperativo

Afirmativo	Negativo
—	—
fica	não **fiques**
fique	não **fique**
fiquemos	não **fiquemos**
ficais	não **fiqueis**
fiquem	não **fiquem**

Formas nominais

Infinitivo impessoal	Infinitivo pessoal	Gerúndio
ficar	ficar	ficando
	ficares	
	ficar	**Particípio**
	ficarmos	ficado
	ficardes	
	ficarem	

37. Fingir (Regular)

Apresenta acomodação gráfica: o **g** do radical muda para **j** na 1.ª pessoa do singular do presente do indicativo e nas formas daí derivadas.

Indicativo

Presente	Imperfeito	Perfeito
finjo	fingia	fingi
finges	fingias	fingiste
finge	fingia	fingiu
fingimos	fingíamos	fingimos
fingis	fingíeis	fingistes
fingem	fingiam	fingiram

Mais-que-perfeito	Fut. do presente	Fut. do pretérito
fingira	fingirei	fingiria
fingiras	fingirás	fingirias
fingira	fingirá	fingiria
fingíramos	fingiremos	fingiríamos
fingíreis	fingireis	fingiríeis
fingiram	fingirão	fingiriam

Subjuntivo

Presente	Imperfeito	Futuro
finja	fingisse	fingir
finjas	fingisses	fingires
finja	fingisse	fingir
finjamos	fingíssemos	fingirmos
finjais	fingísseis	fingirdes
finjam	fingissem	fingirem

Imperativo

Afirmativo	Negativo
—	—
finge	não **finjas**
finja	não **finja**
finjamos	não **finjamos**
fingi	não **finjais**
finjam	não **finjam**

Formas nominais

Infinitivo impessoal	Infinitivo pessoal	Gerúndio
fingir	fingir	fingindo
	fingires	
	fingir	**Particípio**
	fingirmos	fingido
	fingirdes	
	fingirem	

38. Fugir (Irregular)

Apresenta alternância vocálica gráfica (o **u** muda para **o**) e acomodação gráfica (o **g** muda para **j**) no presente do indicativo e nas formas daí derivadas.

Indicativo

Presente	Imperfeito	Perfeito
fujo	fugia	fugi
foges	fugias	fugiste
foge	fugia	fugiu
fugimos	fugíamos	fugimos
fugis	fugíeis	fugistes
fogem	fugiam	fugiram

Mais-que-perfeito	Fut. do presente	Fut. do pretérito
fugira	fugirei	fugiria
fugiras	fugirás	fugirias
fugira	fugirá	fugiria
fugíramos	fugiremos	fugiríamos
fugíreis	fugireis	fugiríeis
fugiram	fugirão	fugiriam

Subjuntivo

Presente	Imperfeito	Futuro
fuja	fugisse	fugir
fujas	fugisses	fugires
fuja	fugisse	fugir
fujamos	fugíssemos	fugirmos
fujais	fugísseis	fugirdes
fujam	fugissem	fugirem

Imperativo

Afirmativo	Negativo
—	—
foge	não **fujas**
fuja	não **fuja**
fujamos	não **fujamos**
fugi	não **fujais**
fujam	não **fujam**

Formas nominais

Infinitivo impessoal	Infinitivo pessoal	Gerúndio
fugir	fugir	fugindo
	fugires	
	fugir	**Particípio**
	fugirmos	fugido
	fugirdes	
	fugirem	

39. Indignar-se (Regular)

Atenção para a pronúncia e a grafia: não há **i** entre **g** e **n**.

Indicativo

Presente	Imperfeito	Perfeito
indigno-me	indignava-me	indignei-me
indignas-te	indignavas-te	indignaste-te
indigna-se	indignava-se	indignou-se
indignamo-nos	indignávamo-nos	indignamo-nos
indignais-vos	indignáveis-vos	indignastes-vos
indignam-se	indignavam-se	indignaram-se

Mais-que-perfeito	Fut. do presente	Fut. do pretérito
indignara-me	indignar-me-ei	indignar-me-ia
indignaras-te	indignar-te-ás	indignar-te-ias
indignara-se	indignar-se-á	indignar-se-ia
indignáramo-nos	indignar-nos-emos	indignar-nos-íamos
indignáreis-vos	indignar-vos-eis	indignar-vos-íeis
indignaram-se	indignar-se-ão	indignar-se-iam

Subjuntivo

Presente	Imperfeito	Futuro
eu me indigne	eu me indignasse	eu me indignar
tu te indignes	tu te indignasses	tu te indignares
ele se indigne	ele se indignasse	ele se indignar
nós nos indignemos	nós nos indignássemos	nós nos indignarmos
vós vos indigneis	vós vos indignásseis	vós vos indignardes
eles se indignem	eles se indignassem	ele se indignarem

Imperativo

Afirmativo	Negativo
—	—
indigna-te	não te indignes
indigne-se	não se indigne
indignemo-nos	não nos indignemos
indignai-vos	não vos indigneis
indignem-se	não se indignem

Formas nominais

Infinitivo impessoal	Infinitivo pessoal	Gerúndio
indignar-se	indignar-me	indignando-se
	indignares-te	
	indignar-se	**Particípio**
	indignarmo-nos	indignado
	indignardes-vos	
	indignarem-se	

40. Ir (Irregular)

Alguns autores chamam este verbo de **anômalo**, por apresentar profundas irregularidades, entre as quais a identidade com a conjugação do verbo **ser** nas formas destacadas.

Indicativo

Presente	Imperfeito	Perfeito
vou	ia	**fui**
vais	ias	**foste**
vai	ia	**foi**
vamos	íamos	**fomos**
ides	íeis	**fostes**
vão	iam	**foram**

Mais-que-perfeito	Fut. do presente	Fut. do pretérito
fora	irei	iria
foras	irás	irias
fora	irá	iria
fôramos	iremos	iríamos
fôreis	ireis	iríeis
foram	irão	iriam

Subjuntivo

Presente	Imperfeito	Futuro
vá	**fosse**	**for**
vás	**fosses**	**fores**
vá	**fosse**	**for**
vamos	**fôssemos**	**formos**
vades	**fôsseis**	**fordes**
vão	**fossem**	**forem**

Imperativo

Afirmativo	Negativo
—	—
vai	não vás
vá	não vá
vamos	não vamos
ide	não vades
vão	não vão

Formas nominais

Infinitivo impessoal	Infinitivo pessoal	Gerúndio
ir	ir	indo
	ires	
	ir	**Particípio**
	irmos	ido
	irdes	
	irem	

41. Jazer (Irregular)

A 3.ª pessoa do singular do presente do indicativo não possui a desinência **e**.

Indicativo

Presente	Imperfeito	Perfeito
jazo	jazia	jazi
jazes	jazias	jazeste
jaz	jazia	jazeu
jazemos	jazíamos	jazemos
jazeis	jazíeis	jazestes
jazem	jaziam	jazeram

Mais-que-perfeito	Fut. do presente	Fut. do pretérito
jazera	jazerei	jazeria
jazeras	jazerás	jazerias
jazera	jazerá	jazeria
jazêramos	jazeremos	jazeríamos
jazêreis	jazereis	jazeríeis
jazeram	jazerão	jazeriam

Subjuntivo

Presente	Imperfeito	Futuro
jaza	jazesse	jazer
jazas	jazesses	jazeres
jaza	jazesse	jazer
jazamos	jazêssemos	jazermos
jazais	jazêsseis	jazerdes
jazam	jazessem	jazerem

Imperativo

Afirmativo	Negativo
—	—
jaze/jaz	não jazas
jaza	não jaza
jazamos	não jazamos
jazei	não jazais
jazam	não jazam

Formas nominais

Infinitivo impessoal	Infinitivo pessoal	Gerúndio
jazer	jazer	jazendo
	jazeres	
	jazer	**Particípio**
	jazermos	jazido
	jazerdes	
	jazerem	

42. Jogar (Regular)

Apresenta acomodação gráfica: o **g** do radical muda para **gu** antes de **e**.

Indicativo

Presente	Imperfeito	Perfeito
jogo	jogava	**joguei**
jogas	jogavas	jogaste
joga	jogava	jogou
jogamos	jogávamos	jogamos
jogais	jogáveis	jogastes
jogam	jogavam	jogaram

Mais-que-perfeito	Fut. do presente	Fut. do pretérito
jogara	jogarei	jogaria
jogaras	jogarás	jogarias
jogara	jogará	jogaria
jogáramos	jogaremos	jogaríamos
jogáreis	jogareis	jogaríeis
jogaram	jogarão	jogariam

Subjuntivo

Presente	Imperfeito	Futuro
jogue	jogasse	jogar
jogues	jogasses	jogares
jogue	jogasse	jogar
joguemos	jogássemos	jogarmos
jogueis	jogásseis	jogardes
joguem	jogassem	jogarem

Imperativo

Afirmativo	Negativo
—	—
joga	não **jogues**
jogue	não **jogue**
joguemos	não **joguemos**
jogai	não **jogueis**
joguem	não **joguem**

Formas nominais

Infinitivo impessoal	Infinitivo pessoal	Gerúndio
jogar	jogar	jogando
	jogares	
	jogar	**Particípio**
	jogarmos	jogado
	jogardes	
	jogarem	

43. Magoar (Regular)

Indicativo

Presente	Imperfeito	Perfeito
magoo	magoava	magoei
magoas	magoavas	magoaste
magoa	magoava	magoou
magoamos	magoávamos	magoamos
magoais	magoáveis	magoastes
magoam	magoavam	magoaram

Mais-que-perfeito	Fut. do presente	Fut. do pretérito
magoara	magoarei	magoaria
magoaras	magoarás	magoarias
magoara	magoará	magoaria
magoáramos	magoaremos	magoaríamos
magoáreis	magoareis	magoaríeis
magoaram	magoarão	magoariam

Subjuntivo

Presente	Imperfeito	Futuro
magoe	magoasse	magoar
magoes	magoasses	magoares
magoe	magoasse	magoar
magoemos	magoássemos	magoarmos
magoeis	magoásseis	magoardes
magoem	magoassem	magoarem

Imperativo

Afirmativo	Negativo
—	—
magoa	não magoes
magoe	não magoe
magoemos	não magoemos
magoai	não magoeis
magoem	não magoem

Formas nominais

Infinitivo impessoal	Infinitivo pessoal	Gerúndio
magoar	magoar	magoando
	magoares	
	magoar	**Particípio**
	magoarmos	magoado
	magoardes	
	magoarem	

44. Mobiliar (Regular)

Atenção para a sílaba tônica e o acento gráfico de algumas formas: eu **mobílio**, tu **mobílias**, ele **mobília**...

Indicativo

Presente	Imperfeito	Perfeito
mo**bí**lio	mobiliava	mobiliei
mo**bí**lias	mobiliavas	mobiliaste
mo**bí**lia	mobiliava	mobiliou
mobiliamos	mobiliávamos	mobiliamos
mobiliais	mobiliáveis	mobiliastes
mo**bí**liam	mobiliavam	mobiliaram

Mais-que-perfeito	Fut. do presente	Fut. do pretérito
mobiliara	mobiliarei	mobiliaria
mobiliaras	mobiliarás	mobiliarias
mobiliara	mobiliará	mobiliaria
mobiliáramos	mobiliaremos	mobiliaríamos
mobiliáreis	mobiliareis	mobiliaríeis
mobiliaram	mobiliarão	mobiliariam

Subjuntivo

Presente	Imperfeito	Futuro
mo**bí**lie	mobiliasse	mobiliar
mo**bí**lies	mobiliasses	mobiliares
mo**bí**lie	mobiliasse	mobiliar
mobiliemos	mobiliássemos	mobiliarmos
mobilieis	mobiliásseis	mobiliardes
mo**bí**liem	mobiliassem	mobiliarem

Imperativo

Afirmativo	Negativo
—	—
mo**bí**lia	não mo**bí**lies
mo**bí**lie	não mo**bí**lie
mobiliemos	não mobiliemos
mobiliai	não mobilieis
mo**bí**liem	não mo**bí**liem

Formas nominais

Infinitivo impessoal	Infinitivo pessoal	Gerúndio
mobiliar	mobiliar	mobiliando
	mobiliares	
	mobiliar	**Particípio**
	mobiliarmos	mobiliado
	mobiliardes	
	mobiliarem	

45. Moer (Regular)

Atente para a acentuação gráfica nas formas destacadas.

Indicativo

Presente	Imperfeito	Perfeito
moo	**moía**	moí
móis	**moías**	moeste
mói	**moía**	moeu
moemos	moíamos	moemos
moeis	moíeis	moestes
moem	**moíam**	moeram

Mais-que-perfeito	Fut. do presente	Fut. do pretérito
moera	moerei	moeria
moeras	moerás	moerias
moera	moerá	moeria
moêramos	moeremos	moeríamos
moêreis	moereis	moeríeis
moeram	moerão	moeriam

Subjuntivo

Presente	Imperfeito	Futuro
moa	moesse	moer
moas	moesses	moeres
moa	moesse	moer
moamos	moêssemos	moermos
moais	moêsseis	moerdes
moam	moessem	moerem

Imperativo

Afirmativo	Negativo
—	—
mói	não moas
moa	não moa
moamos	não moamos
moei	não moais
moam	não moam

Formas nominais

Infinitivo impessoal	Infinitivo pessoal	Gerúndio
moer	moer	moendo
	moeres	
	moer	**Particípio**
	moermos	**moído**
	moerdes	
	moerem	

46. Moscar (Irregular)

Apresenta alternância vocálica gráfica (nas formas rizotônicas, o **o** do radical muda para **u**) e acomodação gráfica (o **c** muda para **qu** antes de **e**).

É mais usado como verbo pronominal (**moscar-se**), que significa "sumir--se", "escapulir-se".

Indicativo

Presente	Imperfeito	Perfeito
musco	moscava	**mosquei**
muscas	moscavas	moscaste
musca	moscava	moscou
moscamos	moscávamos	moscamos
moscais	moscáveis	moscastes
muscam	moscavam	moscaram

Mais-que-perfeito	Fut. do presente	Fut. do pretérito
moscara	moscarei	moscaria
moscaras	moscarás	moscarias
moscara	moscará	moscaria
moscáramos	moscaremos	moscaríamos
moscáreis	moscareis	moscaríeis
moscaram	moscarão	moscariam

Subjuntivo

Presente	Imperfeito	Futuro
musque	moscasse	moscar
musques	moscasses	moscares
musque	moscasse	moscar
mosquemos	moscássemos	moscarmos
mosqueis	moscásseis	moscardes
musquem	moscassem	moscarem

Imperativo

Afirmativo	Negativo
—	—
musca	não **musques**
musque	não **musque**
mosquemos	não **mosquemos**
moscai	não **mosqueis**
musquem	não **musquem**

Formas nominais

Infinitivo impessoal	Infinitivo pessoal	Gerúndio
moscar	moscar	moscando
	moscares	
	moscar	**Particípio**
	moscarmos	moscado
	moscardes	
	moscarem	

47. Obliquar (Duplo paradigma)

O **u** tônico seguido de **e** recebe acento agudo.

Indicativo

Presente	Imperfeito	Perfeito
oblíquo/obliq**u**o	obliquava	obliq**u**ei
oblíquas/obliq**u**as	obliquavas	obliquaste
oblíqua/obliq**u**a	obliquava	obliquou
obliquamos	obliquávamos	obliquamos
obliquais	obliquáveis	obliquastes
oblíquam/obliq**u**am	obliquavam	obliquaram

Mais-que-perfeito	Fut. do presente	Fut. do pretérito
obliquara	obliquarei	obliquaria
obliquaras	obliquarás	obliquarias
obliquara	obliquará	obliquaria
obliquáramos	obliquaremos	obliquaríamos
obliquáreis	obliquareis	obliquaríeis
obliquaram	obliquarão	obliquariam

Subjuntivo

Presente	Imperfeito	Futuro
oblíque/obliq**u**e	obliquasse	obliquar
oblíques/obliq**u**es	obliquasses	obliquares
oblíque/obliq**u**e	obliquasse	obliquar
obliquemos	obliquássemos	obliquarmos
obliqueis	obliquásseis	obliquardes
oblíquem/obliq**u**em	obliquassem	obliquarem

Imperativo

Afirmativo	Negativo
—	—
oblíqua/obliq**u**a	não oblíques/obliq**ú**es
oblíque/obliq**u**e	não oblíque/obliq**ú**e
obliquemos	não obliquemos
obliquai	não obliqueis
oblíquem/obliq**ú**em	não oblíquem/obliq**ú**em

Formas nominais

Infinitivo impessoal	Infinitivo pessoal	Gerúndio
obliquar	obliquar	obliquando
	obliquares	
	obliquar	**Particípio**
	obliquarmos	obliquado
	obliquardes	
	obliquarem	

48. Obstar (Regular)

Atenção para a pronúncia e a grafia: não existe **i** entre o **b** e o **s**.

Indicativo

Presente	Imperfeito	Perfeito
obsto	obstava	obstei
obstas	obstavas	obstaste
obsta	obstava	obstou
obstamos	obstávamos	obstamos
obstais	obstáveis	obstastes
obstam	obstavam	obstaram

Mais-que-perfeito	Fut. do presente	Fut. do pretérito
obstara	obstarei	obstaria
obstaras	obstarás	obstarias
obstara	obstará	obstaria
obstáramos	obstaremos	obstaríamos
obstáreis	obstareis	obstaríeis
obstaram	obstarão	obstariam

Subjuntivo

Presente	Imperfeito	Futuro
obste	obstasse	obstar
obstes	obstasses	obstares
obste	obstasse	obstar
obstemos	obstássemos	obstarmos
obsteis	obstásseis	obstardes
obstem	obstassem	obstarem

Imperativo

Afirmativo	Negativo
—	—
obsta	não obstes
obste	não obste
obstemos	não obstemos
obstai	não obsteis
obstem	não obstem

Formas nominais

Infinitivo impessoal	Infinitivo pessoal	Gerúndio
obstar	obstar	obstando
	obstares	
	obstar	**Particípio**
	obstarmos	obstado
	obstardes	
	obstarem	

49. Odiar (Irregular)

Odiar, ligado ao substantivo **ódio**, admite variantes: **odeio** ou **odio**.

Indicativo

Presente	Imperfeito	Perfeito
odeio	odiava	odiei
odeias	odiavas	odiaste
odeia	odiava	odiou
odiamos	odiávamos	odiamos
odiais	odiáveis	odiastes
odeiam	odiavam	odiaram

Mais-que-perfeito	Fut. do presente	Fut. do pretérito
odiara	odiarei	odiaria
odiaras	odiarás	odiarias
odiara	odiará	odiaria
odiáramos	odiaremos	odiaríamos
odiáreis	odiareis	odiaríeis
odiaram	odiarão	odiariam

Subjuntivo

Presente	Imperfeito	Futuro
odeie	odiasse	odiar
odeies	odiasses	odiares
odeie	odiasse	odiar
odiemos	odiássemos	odiarmos
odieis	odiásseis	odiardes
odeiem	odiassem	odiarem

Imperativo

Afirmativo	Negativo
—	—
odeia	não **odeies**
odeie	não **odeie**
odiemos	não odiemos
odiai	não odieis
odeiem	não **odeiem**

Formas nominais

Infinitivo impessoal	Infinitivo pessoal	Gerúndio
odiar	odiar	odiando
	odiares	
	odiar	**Particípio**
	odiarmos	odiado
	odiardes	
	odiarem	

50. Optar (Regular)

Atenção para a pronúncia e a grafia: não existe **i** entre o **p** e o **t**.

Indicativo

Presente	Imperfeito	Perfeito
opto	optava	optei
optas	optavas	optaste
opta	optava	optou
optamos	optávamos	optamos
optais	optáveis	optastes
optam	optavam	optaram

Mais-que-perfeito	Fut. do presente	Fut. do pretérito
optara	optarei	optaria
optaras	optarás	optarias
optara	optará	optaria
optáramos	optaremos	optaríamos
optáreis	optareis	optaríeis
optaram	optarão	optariam

Subjuntivo

Presente	Imperfeito	Futuro
opte	optasse	optar
optes	optasses	optares
opte	optasse	optar
optemos	optássemos	optarmos
opteis	optásseis	optardes
optem	optassem	optarem

Imperativo

Afirmativo	Negativo
—	—
opta	não optes
opte	não opte
optemos	não optemos
optai	não opteis
optem	não optem

Formas nominais

Infinitivo impessoal	Infinitivo pessoal	Gerúndio
optar	optar	optando
	optares	
	optar	**Particípio**
	optarmos	optado
	optardes	
	optarem	

51. Pedir (Irregular)

Os verbos **pedir**, **medir** e **ouvir** são irregulares da terceira conjugação. No radical, o **d** (em **pedir** e **medir**) e o **v** (em **ouvir**) transformam-se em **c** na 1.ª pessoa do singular do presente do indicativo e nas formas daí derivadas.

Indicativo

Presente	Imperfeito	Perfeito
peço	pedia	pedi
pedes	pedias	pediste
pede	pedia	pediu
pedimos	pedíamos	pedimos
pedis	pedíeis	pedistes
pedem	pediam	pediram

Mais-que-perfeito	Fut. do presente	Fut. do pretérito
pedira	pedirei	pediria
pediras	pedirás	pedirias
pedira	pedirá	pediria
pedíramos	pediremos	pediríamos
pedíreis	pedireis	pediríeis
pediram	pedirão	pediriam

Subjuntivo

Presente	Imperfeito	Futuro
peça	pedisse	pedir
peças	pedisses	pedires
peça	pedisse	pedir
peçamos	pedíssemos	pedirmos
peçais	pedísseis	pedirdes
peçam	pedissem	pedirem

Imperativo

Afirmativo	Negativo
—	—
pede	não **peças**
peça	não **peça**
peçamos	não **peçamos**
pedi	não **peçais**
peçam	não **peçam**

Formas nominais

Infinitivo impessoal	Infinitivo pessoal	Gerúndio
pedir	pedir	pedindo
	pedires	
	pedir	**Particípio**
	pedirmos	pedido
	pedirdes	
	pedirem	

52. Perder (Irregular)

O **d** do radical transforma-se em **c** na 1.ª pessoa do singular do presente do indicativo e nas formas daí derivadas.

Indicativo

Presente	Imperfeito	Perfeito
perco	perdia	perdi
perdes	perdias	perdeste
perde	perdia	perdeu
perdemos	perdíamos	perdemos
perdeis	perdíeis	perdestes
perdem	perdiam	perderam

Mais-que-perfeito	Fut. do presente	Fut. do pretérito
perdera	perderei	perderia
perderas	perderás	perderias
perdera	perderá	perderia
perdêramos	perderemos	perderíamos
perdêreis	perdereis	perderíeis
perderam	perderão	perderiam

Subjuntivo

Presente	Imperfeito	Futuro
perca	perdesse	perder
percas	perdesses	perderes
perca	perdesse	perder
percamos	perdêssemos	perdermos
percais	perdêsseis	perderdes
percam	perdessem	perderem

Imperativo

Afirmativo	Negativo
—	—
perde	não **percas**
perca	não **perca**
percamos	não **percamos**
perdei	não **percais**
percam	não **percam**

Formas nominais

Infinitivo impessoal	Infinitivo pessoal	Gerúndio
perder	perder	perdendo
	perderes	
	perder	**Particípio**
	perdermos	perdido
	perderdes	
	perderem	

53. Poder (Irregular)

Suas irregularidades se encontram no presente e no pretérito perfeito do indicativo, bem como nas formas daí derivadas. Não é usado no imperativo.

Indicativo

Presente	Imperfeito	Perfeito
posso	podia	*pude*
podes	podias	*pudeste*
pode	podia	*pôde*
podemos	podíamos	*pudemos*
podeis	podíeis	*pudestes*
podem	podiam	*puderam*

Mais-que-perfeito	Fut. do presente	Fut. do pretérito
pudera	poderei	poderia
puderas	poderás	poderias
pudera	poderá	poderia
pudéramos	poderemos	poderíamos
pudéreis	podereis	poderíeis
puderam	poderão	poderiam

Subjuntivo

Presente	Imperfeito	Futuro
possa	*pudesse*	*puder*
possas	*pudesses*	*puderes*
possa	*pudesse*	*puder*
possamos	*pudéssemos*	*pudermos*
possais	*pudésseis*	*puderdes*
possam	*pudessem*	*puderem*

Imperativo

Afirmativo: Não é usado.	Negativo: Não é usado.
—	—

Formas nominais

Infinitivo impessoal	Infinitivo pessoal	Gerúndio
poder	poder	podendo
	poderes	
	poder	**Particípio**
	podermos	podido
	poderdes	
	poderem	

54. Polir (Irregular)

Apresenta alternância vocálica gráfica: nas formas rizotônicas, o **o** do radical muda para **u**.

Indicativo

Presente	Imperfeito	Perfeito
pulo	polia	poli
pules	polias	poliste
pule	polia	poliu
polimos	políamos	polimos
polis	políeis	polistes
pulem	poliam	poliram

Mais-que-perfeito	Fut. do presente	Fut. do pretérito
polira	polirei	poliria
poliras	polirás	polirias
polira	polirá	poliria
políramos	poliremos	poliríamos
políreis	polireis	poliríeis
poliram	polirão	poliriam

Subjuntivo

Presente	Imperfeito	Futuro
pula	polisse	polir
pulas	polisses	polires
pula	polisse	polir
pulamos	políssemos	polirmos
pulais	polísseis	polirdes
pulam	polissem	polirem

Imperativo

Afirmativo	Negativo
—	—
pule	não **pulas**
pula	não **pula**
pulamos	não **pulamos**
poli	não **pulais**
pulam	não **pulam**

Formas nominais

Infinitivo impessoal	Infinitivo pessoal	Gerúndio
polir	polir	polindo
	polires	
	polir	**Particípio**
	polirmos	polido
	polirdes	
	polirem	

55. Pôr (Irregular)

Este verbo é também classificado como **anômalo**, em razão de suas profundas irregularidades. Entre elas, uma característica singular na língua portuguesa: é o único verbo (além de seus compostos) que possui infinitivo irregular – sem vogal temática.

Em sua forma antiga (**poer**), apresentava a vogal temática **e**; por isso, é agrupado aos verbos da segunda conjugação.

Indicativo

Presente	Imperfeito	Perfeito
ponho	punha	pus
pões	punhas	puseste
põe	punha	pôs
pomos	púnhamos	pusemos
pondes	púnheis	pusestes
põem	punham	puseram

Mais-que-perfeito	Fut. do presente	Fut. do pretérito
pusera	porei	poria
puseras	porás	porias
pusera	porá	poria
puséramos	poremos	poríamos
puséreis	poreis	poríeis
puseram	porão	poriam

Subjuntivo

Presente	Imperfeito	Futuro
ponha	pusesse	puser
ponhas	pusesses	puseres
ponha	pusesse	puser
ponhamos	puséssemos	pusermos
ponhais	pusésseis	puserdes
ponham	pusessem	puserem

Imperativo

Afirmativo	Negativo
—	—
põe	não ponhas
ponha	não ponha
ponhamos	não ponhamos
ponde	não ponhais
ponham	não ponham

Formas nominais

Infinitivo impessoal	Infinitivo pessoal	Gerúndio
pôr	pôr	pondo
	pores	
	pôr	**Particípio**
	pormos	posto
	pordes	
	porem	

56. Prazer (Defectivo)

Só é conjugado nas 3.as pessoas.

Indicativo

Presente	Imperfeito	Perfeito
—	—	—
—	—	—
praz	prazia	prouve
—	—	—
—	—	—
prazem	praziam	prouveram

Mais-que-perfeito	Fut. do presente	Fut. do pretérito
—	—	—
—	—	—
prouvera	prazerá	prazeria
—	—	—
—	—	—
prouveram	prazerão	prazeriam

Subjuntivo

Presente	Imperfeito	Futuro
—	—	—
—	—	—
praza	prouvesse	prouver
—	—	—
—	—	—
prazam	prouvessem	prouverem

Imperativo

Afirmativo	Negativo
—	—
—	—
praza	não praza
—	—
—	—
prazam	não prazam

Formas nominais

Infinitivo impessoal	Infinitivo pessoal	Gerúndio
prazer	—	prazendo
	—	
	prazer	**Particípio**
	—	prazido
	—	
	prazerem	

57. Precaver (Defectivo)

Faltam-lhe diversas pessoas do presente do indicativo e as formas daí derivadas.

É mais empregado como reflexivo (**precaver-se**).

Indicativo

Presente: Possui só a 1.ª e a 2.ª pessoas do plural.	Imperfeito	Perfeito
—	precavia	precavi
—	precavias	precaveste
—	precavia	precaveu
precavemos	precavíamos	precavemos
precaveis	precavíeis	precavestes
—	precaviam	precaveram

Mais-que-perfeito	Fut. do presente	Fut. do pretérito
precavera	precaverei	precaveria
precaveras	precaverás	precaverias
precavera	precaverá	precaveria
precavêramos	precaveremos	precaveríamos
precavêreis	precavereis	precaveríeis
precaveram	precaverão	precaveriam

Subjuntivo

Presente: Não há.	Imperfeito	Futuro
—	precavesse	precaver
	precavesses	precaveres
	precavesse	precaver
	precavêssemos	precavermos
	precavêsseis	precaverdes
	precavessem	precaverem

Imperativo

Afirmativo: Possui só a 2.ª pessoa do plural.	Negativo: Não há.
precavei	—

Formas nominais

Infinitivo impessoal	Infinitivo pessoal	Gerúndio
precaver	precaver	precavendo
	precaveres	
	precaver	**Particípio**
	precavermos	precavido
	precaverdes	
	precaverem	

58. Prover (Irregular)

Atenção para as formas destacadas, em que este verbo não segue a conjugação do verbo **ver**.

Indicativo

Presente	Imperfeito	Perfeito
provejo	provia	provi
provês	provias	**proveste**
provê	provia	**proveu**
provemos	províamos	**provemos**
provedes	províeis	**provestes**
proveem	proviam	**proveram**

Mais-que-perfeito	Fut. do presente	Fut. do pretérito
provera	proverei	proveria
proveras	proverás	proverias
provera	proverá	proveria
provêramos	proveremos	proveríamos
provêreis	provereis	proveríeis
proveram	proverão	proveriam

Subjuntivo

Presente	Imperfeito	Futuro
proveja	**provesse**	**prover**
provejas	**provesses**	**proveres**
proveja	**provesse**	**prover**
provejamos	**provêssemos**	**provermos**
provejais	**provêsseis**	**proverdes**
provejam	**provessem**	**proverem**

Imperativo

Afirmativo	Negativo
—	—
provê	não provejas
proveja	não proveja
provejamos	não provejamos
provede	não provejais
provejam	não provejam

Formas nominais

Infinitivo impessoal	Infinitivo pessoal	Gerúndio
prover	prover	provendo
	proveres	
	prover	**Particípio**
	provermos	**provido**
	proverdes	
	proverem	

59. Pugnar (Regular)

Atenção para a grafia e a pronúncia: não há **i** entre o **g** e o **n**.

Indicativo

Presente	Imperfeito	Perfeito
pugno	pugnava	pugnei
pugnas	pugnavas	pugnaste
pugna	pugnava	pugnou
pugnamos	pugnávamos	pugnamos
pugnais	pugnáveis	pugnastes
pugnam	pugnavam	pugnaram

Mais-que-perfeito	Fut. do presente	Fut. do pretérito
pugnara	pugnarei	pugnaria
pugnaras	pugnarás	pugnarias
pugnara	pugnará	pugnaria
pugnáramos	pugnaremos	pugnaríamos
pugnáreis	pugnareis	pugnaríeis
pugnaram	pugnarão	pugnariam

Subjuntivo

Presente	Imperfeito	Futuro
pugne	pugnasse	pugnar
pugnes	pugnasses	pugnares
pugne	pugnasse	pugnar
pugnemos	pugnássemos	pugnarmos
pugneis	pugnásseis	pugnardes
pugnem	pugnassem	pugnarem

Imperativo

Afirmativo	Negativo
—	—
pugna	não pugnes
pugne	não pugne
pugnemos	não pugnemos
pugnai	não pugneis
pugnem	não pugnem

Formas nominais

Infinitivo impessoal	Infinitivo pessoal	Gerúndio
pugnar	pugnar	pugnando
	pugnares	
	pugnar	**Particípio**
	pugnarmos	pugnado
	pugnardes	
	pugnarem	

60. Querer (Irregular)

É pouco utilizado no imperativo, salvo com pronome de tratamento seguido de infinitivo: “queira entregar”, “queiram entregar”.

Na 2.ª pessoa do singular do imperativo afirmativo há, também, a forma **quere**, utilizada em Portugal.

Indicativo

Presente	Imperfeito	Perfeito
quero	queria	quis
queres	querias	quiseste
quer	queria	quis
queremos	queríamos	quisemos
quereis	queríeis	quisestes
querem	queriam	quiseram

Mais-que-perfeito	Fut. do presente	Fut. do pretérito
quisera	quererei	quereria
quiseras	quererás	quererias
quisera	quererá	quereria
quiséramos	quereremos	quereríamos
quiséreis	querereis	quereríeis
quiseram	quererão	quereriam

Subjuntivo

Presente	Imperfeito	Futuro
queira	quisesse	quiser
queiras	quisesses	quiseres
queira	quisesse	quiser
queiramos	quiséssemos	quisermos
queirais	quisésseis	quiserdes
queiram	quisessem	quiserem

Imperativo

Afirmativo	Negativo
—	—
quer/quere	não queiras
queira	não queira
queiramos	não queiramos
querei	não queirais
queiram	não queiram

Formas nominais

Infinitivo impessoal	Infinitivo pessoal	Gerúndio
querer	querer	querendo
	quereres	
	querer	**Particípio**
	querermos	querido
	quererdes	
	quererem	

61. Reaver (Defectivo)

É conjugado como **haver**, mas apenas nas formas em que **haver** apresenta a letra **v**. Portanto, faltam-lhe diversas pessoas do presente do indicativo e as formas daí derivadas.

Indicativo

Presente: Só possui a 1.ª e a 2.ª pessoas do plural.	Imperfeito	Perfeito
—	reavia	reouve
—	reavias	reouveste
—	reavia	reouve
reavemos	reavíamos	reouvemos
reaveis	reavíeis	reouvestes
—	reaviam	reouveram

Mais-que-perfeito	Fut. do presente	Fut. do pretérito
reouvera	reaverei	reaveria
reouveras	reaverás	reaverias
reouvera	reaverá	reaveria
reouvéramos	reaveremos	reaveríamos
reouvéreis	reavereis	reaveríeis
reouveram	reaverão	reaveriam

Subjuntivo

Presente: Não há.	Imperfeito	Futuro
—	reouvesse	reouver
	reouvesses	reouveres
	reouvesse	reouver
	reouvéssemos	reouvermos
	reouvésseis	reouverdes
	reouvessem	reouverem

Imperativo

Afirmativo: Só possui a 2.ª pessoa do plural.	Negativo: Não há.
reavei	—

Formas nominais

Infinitivo impessoal	Infinitivo pessoal	Gerúndio
reaver	reaver	reavendo
	reaveres	
	reaver	**Particípio**
	reavermos	reavido
	reaverdes	
	reaverem	

62. Reger (Regular)

Apresenta acomodação gráfica: o **g** muda para **j** na 1.ª pessoa do singular do presente do indicativo e nas formas daí derivadas.

Indicativo

Presente	Imperfeito	Perfeito
rejo	regia	regi
reges	regias	regeste
rege	regia	regeu
regemos	regíamos	regemos
regeis	regíeis	regestes
regem	regiam	regeram

Mais-que-perfeito	Fut. do presente	Fut. do pretérito
regera	regerei	regeria
regeras	regerás	regerias
regera	regerá	regeria
regêramos	regeremos	regeríamos
regêreis	regereis	regeríeis
regeram	regerão	regeriam

Subjuntivo

Presente	Imperfeito	Futuro
reja	regesse	reger
rejas	regesses	regeres
reja	regesse	reger
rejamos	regêssemos	regermos
rejais	regêsseis	regerdes
rejam	regessem	regerem

Imperativo

Afirmativo	Negativo
—	—
rege	não **rejas**
reja	não **reja**
rejamos	não **rejamos**
regei	não **rejais**
rejam	não **rejam**

Formas nominais

Infinitivo impessoal	Infinitivo pessoal	Gerúndio
reger	reger	regendo
	regeres	
	reger	**Particípio**
	regermos	regido
	regerdes	
	regerem	

63. Requerer (Irregular)

Este verbo não segue o modelo do verbo **querer**. A sílaba **que** muda para **quei** na 1.ª pessoa do singular do presente do indicativo e nas formas daí derivadas.

Indicativo

Presente	Imperfeito	Perfeito
requeiro	requeria	requeri
requeres	requerias	requereste
requer/requere	requeria	requereu
requeremos	requeríamos	requeremos
requereis	requeríeis	requerestes
requerem	requeriam	requereram

Mais-que-perfeito	Fut. do presente	Fut. do pretérito
requerera	requererei	requereria
requereras	requererás	requererias
requerera	requererá	requereria
requerêramos	requereremos	requereríamos
requerêreis	requerereis	requereríeis
requereram	requererão	requereriam

Subjuntivo

Presente	Imperfeito	Futuro
requeira	requeresse	requerer
requeiras	requeresses	requereres
requeira	requeresse	requerer
requeiramos	requerêssemos	requerermos
requeirais	requerêsseis	requererdes
requeiram	requeressem	requererem

Imperativo

Afirmativo	Negativo
—	—
requer/requere	não **requeiras**
requeira	não **requeira**
requeiramos	não **requeiramos**
requerei	não **requeirais**
requeiram	não **requeiram**

Formas nominais

Infinitivo impessoal	Infinitivo pessoal	Gerúndio
requerer	requerer	requerendo
	requereres	
	requerer	**Particípio**
	requerermos	requerido
	requererdes	
	requererem	

64. Resfolegar (Regular)

Este verbo apresenta formas proparoxítonas ("resfólego", "resfólegas" etc.), raríssimas nos verbos da língua portuguesa.

Indicativo

Presente	Imperfeito	Perfeito
resfólego	resfolegava	resfoleguei
resfólegas	resfolegavas	resfolegaste
resfólega	resfolegava	resfolegou
resfolegamos	resfolegávamos	resfolegamos
resfolegais	resfolegáveis	resfolegastes
resfólegam	resfolegavam	resfolegaram

Mais-que-perfeito	Fut. do presente	Fut. do pretérito
resfolegara	resfolegarei	resfolegaria
resfolegaras	resfolegarás	resfolegarias
resfolegara	resfolegará	resfolegaria
resfolegáramos	resfolegaremos	resfolegaríamos
resfolegáreis	resfolegareis	resfolegaríeis
resfolegaram	resfolegarão	resfolegariam

Subjuntivo

Presente	Imperfeito	Futuro
resfólegue	resfolegasse	resfolegar
resfólegues	resfolegasses	resfolegares
resfólegue	resfolegasse	resfolegar
resfoleguemos	resfolegássemos	resfolegarmos
resfolegueis	resfolegásseis	resfolegardes
resfóleguem	resfolegassem	resfolegarem

Imperativo

Afirmativo	Negativo
—	—
resfólega	não **resfólegues**
resfólegue	não **resfólegue**
resfoleguemos	não resfoleguemos
resfolegai	não resfolegueis
resfóleguem	não **resfóleguem**

Formas nominais

Infinitivo impessoal	Infinitivo pessoal	Gerúndio
resfolegar	resfolegar	resfolegando
	resfolegares	
	resfolegar	**Particípio**
	resfolegarmos	resfolegado
	resfolegardes	
	resfolegarem	

65. Restituir (Regular)

Os verbos terminados em **-uir** não sofrem alteração no radical, exceto **construir** e **destruir**. Veja modelo 23.

Note o acento agudo sobre o segundo **i**, em algumas formas.

Indicativo

Presente	Imperfeito	Perfeito
restituo	restituía	restituí
restituis	restituías	restituíste
restitui	restituía	restituiu
restituímos	restituíamos	restituímos
restituís	restituíeis	restituístes
restituem	restituíam	restituíram

Mais-que-perfeito	Fut. do presente	Fut. do pretérito
restituíra	restituirei	restituiria
restituíras	restituirás	restituirias
restituíra	restituirá	restituiria
restituíramos	restituiremos	restituiríamos
restituíreis	restituireis	restituiríeis
restituíram	restituirão	restituiriam

Subjuntivo

Presente	Imperfeito	Futuro
restitua	restituísse	restituir
restituas	restituísses	restituíres
restitua	restituísse	restituir
restituamos	restituíssemos	restituirmos
restituais	restituísseis	restituirdes
restituam	restituíssem	restituírem

Imperativo

Afirmativo	Negativo
—	—
restitui	não restituas
restitua	não restitua
restituamos	não restituamos
restituí	não restituais
restituam	não restituam

Formas nominais

Infinitivo impessoal	Infinitivo pessoal	Gerúndio
restituir	restituir	restituindo
	restituíres	
	restituir	**Particípio**
	restituirmos	restituído
	restituirdes	
	restituírem	

66. Rir (Irregular)

Indicativo

Presente	Imperfeito	Perfeito
rio	ria	ri
ris	rias	riste
ri	ria	riu
rimos	ríamos	rimos
rides	ríeis	ristes
riem	riam	riram

Mais-que-perfeito	Fut. do presente	Fut. do pretérito
rira	rirei	riria
riras	rirás	ririas
rira	rirá	riria
ríramos	riremos	riríamos
ríreis	rireis	riríeis
riram	rirão	ririam

Subjuntivo

Presente	Imperfeito	Futuro
ria	risse	rir
rias	risses	rires
ria	risse	rir
riamos	ríssemos	rirmos
riais	rísseis	rirdes
riam	rissem	rirem

Imperativo

Afirmativo	Negativo
—	—
ri	não rias
ria	não ria
riamos	não riamos
ride	não riais
riam	não riam

Formas nominais

Infinitivo impessoal	Infinitivo pessoal	Gerúndio
rir	rir	rindo
	rires	
	rir	**Particípio**
	rirmos	rido
	rirdes	
	rirem	

67. Roubar (Regular)

Atenção para a pronúncia: o **o** tem timbre fechado ("rôuba"). Observe que as formas deste verbo não são acentuadas graficamente.

Indicativo

Presente	Imperfeito	Perfeito
roubo	roubava	roubei
roubas	roubavas	roubaste
rouba	roubava	roubou
roubamos	roubávamos	roubamos
roubais	roubáveis	roubastes
roubam	roubavam	roubaram

Mais-que-perfeito	Fut. do presente	Fut. do pretérito
roubara	roubarei	roubaria
roubaras	roubarás	roubarias
roubara	roubará	roubaria
roubáramos	roubaremos	roubaríamos
roubáreis	roubareis	roubaríeis
roubaram	roubarão	roubariam

Subjuntivo

Presente	Imperfeito	Futuro
roube	roubasse	roubar
roubes	roubasses	roubares
roube	roubasse	roubar
roubemos	roubássemos	roubarmos
roubeis	roubásseis	roubardes
roubem	roubassem	roubarem

Imperativo

Afirmativo	Negativo
—	—
rouba	não roubes
roube	não roube
roubemos	não roubemos
roubai	não roubeis
roubem	não roubem

Formas nominais

Infinitivo impessoal	Infinitivo pessoal	Gerúndio
roubar	roubar	roubando
	roubares	
	roubar	**Particípio**
	roubarmos	roubado
	roubardes	
	roubarem	

68. Ruir (Defectivo)

Não apresenta a 1.ª pessoa do singular do presente do indicativo e as formas daí derivadas.

Indicativo

Presente: Não possui a 1.ª pessoa do singular.	Imperfeito	Perfeito
—	ruía	ruí
ruis	ruías	ruíste
rui	ruía	ruiu
ruímos	ruíamos	ruímos
ruís	ruíeis	ruístes
ruem	ruíam	ruíram

Mais-que-perfeito	Fut. do presente	Fut. do pretérito
ruíra	ruirei	ruiria
ruíras	ruirás	ruirias
ruíra	ruirá	ruiria
ruíramos	ruiremos	ruiríamos
ruíreis	ruireis	ruiríeis
ruíram	ruirão	ruiriam

Subjuntivo

Presente: Não há.	Imperfeito	Futuro
—	ruísse	ruir
	ruísses	ruíres
	ruísse	ruir
	ruíssemos	ruirmos
	ruísseis	ruirdes
	ruíssem	ruírem

Imperativo

Afirmativo: Possui só as 2.as pessoas.	Negativo: Não há.
rui	—
ruí	

Formas nominais

Infinitivo impessoal	Infinitivo pessoal	Gerúndio
ruir	ruir	ruindo
	ruíres	
	ruir	**Particípio**
	ruirmos	ruído
	ruirdes	
	ruírem	

69. Saber (Irregular)

Indicativo

Presente	Imperfeito	Perfeito
sei	sabia	soube
sabes	sabias	soubeste
sabe	sabia	soube
sabemos	sabíamos	soubemos
sabeis	sabíeis	soubestes
sabem	sabiam	souberam

Mais-que-perfeito	Fut. do presente	Fut. do pretérito
soubera	saberei	saberia
souberas	saberás	saberias
soubera	saberá	saberia
soubéramos	saberemos	saberíamos
soubéreis	sabereis	saberíeis
souberam	saberão	saberiam

Subjuntivo

Presente	Imperfeito	Futuro
saiba	soubesse	souber
saibas	soubesses	souberes
saiba	soubesse	souber
saibamos	soubéssemos	soubermos
saibais	soubésseis	souberdes
saibam	soubessem	souberem

Imperativo

Afirmativo	Negativo
—	—
sabe	não saibas
saiba	não saiba
saibamos	não saibamos
sabei	não saibais
saibam	não saibam

Formas nominais

Infinitivo impessoal	Infinitivo pessoal	Gerúndio
saber	saber	sabendo
	saberes	
	saber	**Particípio**
	sabermos	sabido
	saberdes	
	saberem	

70. Sair (Irregular)

Atenção para a acentuação gráfica.

Indicativo

Presente	Imperfeito	Perfeito
saio	saía	saí
sais	saías	saíste
sai	saía	saiu
saímos	saíamos	saímos
saís	saíeis	saíste
saem	saíam	saíram

Mais-que-perfeito	Fut. do presente	Fut. do pretérito
saíra	sairei	sairia
saíras	sairás	sairias
saíra	sairá	sairia
saíramos	sairemos	sairíamos
saíreis	saireis	sairíeis
saíram	sairão	sairiam

Subjuntivo

Presente	Imperfeito	Futuro
saia	saísse	sair
saias	saísses	saíres
saia	saísse	sair
saiamos	saíssemos	sairmos
saiais	saísseis	sairdes
saiam	saíssem	saírem

Imperativo

Afirmativo	Negativo
—	—
sai	não saias
saia	não saia
saiamos	não saiamos
saí	não saiais
saiam	não saiam

Formas nominais

Infinitivo impessoal	Infinitivo pessoal	Gerúndio
sair	sair	saindo
	saíres	
	sair	**Particípio**
	sairmos	saído
	sairdes	
	saírem	

71. Saudar (Regular)

Atenção para a pronúncia do **u** tônico, que forma hiato (por isso é acentuado): eu sa-**ú**-do, tu sa-**ú**-das, ele sa-**ú**-da, eles sa-**ú**-dam...

Indicativo

Presente	Imperfeito	Perfeito
sa**ú**do	saudava	saudei
sa**ú**das	saudavas	saudaste
sa**ú**da	saudava	saudou
saudamos	saudávamos	saudamos
saudais	saudáveis	saudastes
sa**ú**dam	saudavam	saudaram

Mais-que-perfeito	Fut. do presente	Fut. do pretérito
saudara	saudarei	saudaria
saudaras	saudarás	saudarias
saudara	saudará	saudaria
saudáramos	saudaremos	saudaríamos
saudáreis	saudareis	saudaríeis
saudaram	saudarão	saudariam

Subjuntivo

Presente	Imperfeito	Futuro
sa**ú**de	saudasse	saudar
sa**ú**des	saudasses	saudares
sa**ú**de	saudasse	saudar
saudemos	saudássemos	saudarmos
saudeis	saudásseis	saudardes
sa**ú**dem	saudassem	saudarem

Imperativo

Afirmativo	Negativo
—	—
sa**ú**da	não sa**ú**des
sa**ú**de	não sa**ú**de
saudemos	não saudemos
saudai	não saudeis
sa**ú**dem	não sa**ú**dem

Formas nominais

Infinitivo impessoal	Infinitivo pessoal	Gerúndio
saudar	saudar	saudando
	saudares	
	saudar	**Particípio**
	saudarmos	saudado
	saudardes	
	saudarem	

72. Seguir (Irregular)

Na 1.ª pessoa do singular do presente do indicativo e nas formas daí derivadas, apresenta alternância vocálica gráfica (o **e** do radical muda para **i**) e acomodação gráfica (o grupo **gu** perde o **u**).

Indicativo

Presente	Imperfeito	Perfeito
sigo	seguia	segui
segues	seguias	seguiste
segue	seguia	seguiu
seguimos	seguíamos	seguimos
seguis	seguíeis	seguistes
seguem	seguiam	seguiram

Mais-que-perfeito	Fut. do presente	Fut. do pretérito
seguira	seguirei	seguiria
seguiras	seguirás	seguirias
seguira	seguirá	seguiria
seguíramos	seguiremos	seguiríamos
seguíreis	seguireis	seguiríeis
seguiram	seguirão	seguiriam

Subjuntivo

Presente	Imperfeito	Futuro
siga	seguisse	seguir
sigas	seguisses	seguires
siga	seguisse	seguir
sigamos	seguíssemos	seguirmos
sigais	seguísseis	seguirdes
sigam	seguissem	seguirem

Imperativo

Afirmativo	Negativo
—	—
segue	não **sigas**
siga	não **siga**
sigamos	não **sigamos**
segui	não **sigais**
sigam	não **sigam**

Formas nominais

Infinitivo impessoal	Infinitivo pessoal	Gerúndio
seguir	seguir	seguindo
	seguires	
	seguir	**Particípio**
	seguirmos	seguido
	seguirdes	
	seguirem	

73. Soer (Defectivo)

Não apresenta a 1.ª pessoa do singular do presente do indicativo e as formas daí derivadas.

Indicativo

Presente: Não possui a 1.ª pessoa do singular.	Imperfeito	Perfeito
—	soía	soí
sóis	soías	soeste
sói	soía	soeu
soemos	soíamos	soemos
soeis	soíeis	soestes
soem	soíam	soeram

Mais-que-perfeito	Fut. do presente	Fut. do pretérito
soera	soerei	soeria
soeras	soerás	soerias
soera	soerá	soeria
soêramos	soeremos	soeríamos
soêreis	soereis	soeríeis
soeram	soerão	soeriam

Subjuntivo

Presente: Não há.	Imperfeito	Futuro
—	soesse	soer
	soesses	soeres
	soesse	soer
	soêssemos	soermos
	soêsseis	soerdes
	soessem	soerem

Imperativo

Afirmativo: Possui só as 2.as pessoas.	Negativo: Não há.
sói	—
soei	

Formas nominais

Infinitivo impessoal	Infinitivo pessoal	Gerúndio
soer	soer	soendo
	soeres	
	soer	**Particípio**
	soermos	soído
	soerdes	
	soerem	

74. Trazer (Irregular)

Na 2.ª pessoa do singular do imperativo afirmativo, há duas formas de mesmo valor.

Indicativo

Presente	Imperfeito	Perfeito
trago	trazia	trouxe
trazes	trazias	trouxeste
traz	trazia	trouxe
trazemos	trazíamos	trouxemos
trazeis	trazíeis	trouxestes
trazem	traziam	trouxeram

Mais-que-perfeito	Fut. do presente	Fut. do pretérito
trouxera	trarei	traria
trouxeras	trarás	trarias
trouxera	trará	traria
trouxéramos	traremos	traríamos
trouxéreis	trareis	traríeis
trouxeram	trarão	trariam

Subjuntivo

Presente	Imperfeito	Futuro
traga	trouxesse	trouxer
tragas	trouxesses	trouxeres
traga	trouxesse	trouxer
tragamos	trouxéssemos	trouxermos
tragais	trouxésseis	trouxerdes
tragam	trouxessem	trouxerem

Imperativo

Afirmativo	Negativo
—	—
traz/traze	não tragas
traga	não traga
tragamos	não tragamos
trazei	não tragais
tragam	não tragam

Formas nominais

Infinitivo impessoal	Infinitivo pessoal	Gerúndio
trazer	trazer	trazendo
	trazeres	
	trazer	**Particípio**
	trazermos	trazido
	trazerdes	
	trazerem	

75. Urgir (Defectivo)

Só se conjuga nas 3.as pessoas, significando "ser urgente".

Indicativo

Presente	Imperfeito	Perfeito
—	—	—
—	—	—
urge	urgia	urgiu
—	—	—
—	—	—
urgem	urgiam	urgiram

Mais-que-perfeito	Fut. do presente	Fut. do pretérito
—	—	—
—	—	—
urgira	urgirá	urgiria
—	—	—
—	—	—
urgiram	urgirão	urgiriam

Subjuntivo

Presente	Imperfeito	Futuro
—	—	—
—	—	—
urja	urgisse	urgir
—	—	—
—	—	—
urjam	urgissem	urgirem

Imperativo

Afirmativo: Não há.	Negativo: Não há.
—	—

Formas nominais

Infinitivo impessoal	Infinitivo pessoal	Gerúndio
urgir	—	urgindo
	—	
	urgir	**Particípio**
	—	urgido
	—	
	urgirem	

76. Valer (Irregular)

O **l** transforma-se em **lh** na 1.ª pessoa do singular do presente do indicativo e nas formas daí derivadas.

Indicativo

Presente	Imperfeito	Perfeito
valho	valia	vali
vales	valias	valeste
vale	valia	valeu
valemos	valíamos	valemos
valeis	valíeis	valestes
valem	valiam	valeram

Mais-que-perfeito	Fut. do presente	Fut. do pretérito
valera	valerei	valeria
valeras	valerás	valerias
valera	valerá	valeria
valêramos	valeremos	valeríamos
valêreis	valereis	valeríeis
valeram	valerão	valeriam

Subjuntivo

Presente	Imperfeito	Futuro
valha	valesse	valer
valhas	valesses	valeres
valha	valesse	valer
valhamos	valêssemos	valermos
valhais	valêsseis	valerdes
valham	valessem	valerem

Imperativo

Afirmativo	Negativo
—	—
vale	não **valhas**
valha	não **valha**
valhamos	não **valhamos**
valei	não **valhais**
valham	não **valham**

Formas nominais

Infinitivo impessoal	Infinitivo pessoal	Gerúndio
valer	valer	valendo
	valeres	
	valer	**Particípio**
	valermos	valido
	valerdes	
	valerem	

77. Vencer (Regular)

Apresenta acomodação gráfica: o **c** transforma-se em **ç** na 1.ª pessoa do singular do presente do indicativo e nas formas daí derivadas.

Indicativo

Presente	Imperfeito	Perfeito
venço	vencia	venci
vences	vencias	venceste
vence	vencia	venceu
vencemos	vencíamos	vencemos
venceis	vencíeis	vencestes
vencem	venciam	venceram

Mais-que-perfeito	Fut. do presente	Fut. do pretérito
vencera	vencerei	venceria
venceras	vencerás	vencerias
vencera	vencerá	venceria
vencêramos	venceremos	venceríamos
vencêreis	vencereis	venceríeis
venceram	vencerão	venceriam

Subjuntivo

Presente	Imperfeito	Futuro
vença	vencesse	vencer
venças	vencesses	venceres
vença	vencesse	vencer
vençamos	vencêssemos	vencermos
vençais	vencêsseis	vencerdes
vençam	vencessem	vencerem

Imperativo

Afirmativo	Negativo
—	—
vence	não **venças**
vença	não **vença**
vençamos	não **vençamos**
vencei	não **vençais**
vençam	não **vençam**

Formas nominais

Infinitivo impessoal	Infinitivo pessoal	Gerúndio
vencer	vencer	vencendo
	venceres	
	vencer	**Particípio**
	vencermos	vencido
	vencerdes	
	vencerem	

78. Ver (Irregular)

Indicativo

Presente	Imperfeito	Perfeito
vejo	via	vi
vês	vias	viste
vê	via	viu
vemos	víamos	vimos
vedes	víeis	vistes
veem	viam	viram

Mais-que-perfeito	Fut. do presente	Fut. do pretérito
vira	verei	veria
viras	verás	verias
vira	verá	veria
víramos	veremos	veríamos
víreis	vereis	veríeis
viram	verão	veriam

Subjuntivo

Presente	Imperfeito	Futuro
veja	visse	vir
vejas	visses	vires
veja	visse	vir
vejamos	víssemos	virmos
vejais	vísseis	virdes
vejam	vissem	virem

Imperativo

Afirmativo	Negativo
—	—
vê	não vejas
veja	não veja
vejamos	não vejamos
vede	não vejais
vejam	não vejam

Formas nominais

Infinitivo impessoal	Infinitivo pessoal	Gerúndio
ver	ver	vendo
	veres	
	ver	**Particípio**
	vermos	visto
	verdes	
	verem	

79. Viajar (Regular)

Os verbos terminados em -**jar** mantêm o **j** em todas as formas.

Indicativo

Presente	Imperfeito	Perfeito
viajo	viajava	viajei
viajas	viajavas	viajaste
viaja	viajava	viajou
viajamos	viajávamos	viajamos
viajais	viajáveis	viajastes
viajam	viajavam	viajaram

Mais-que-perfeito	Fut. do presente	Fut. do pretérito
viajara	viajarei	viajaria
viajaras	viajarás	viajarias
viajara	viajará	viajaria
viajáramos	viajaremos	viajaríamos
viajáreis	viajareis	viajaríeis
viajaram	viajarão	viajariam

Subjuntivo

Presente	Imperfeito	Futuro
viaje	viajasse	viajar
viajes	viajasses	viajares
viaje	viajasse	viajar
viajemos	viajássemos	viajarmos
viajeis	viajásseis	viajardes
viajem	viajassem	viajarem

Imperativo

Afirmativo	Negativo
—	—
viaja	não viajes
viaje	não viaje
viajemos	não viajemos
viajai	não viajeis
viajem	não viajem

Formas nominais

Infinitivo impessoal	Infinitivo pessoal	Gerúndio
viajar	viajar	viajando
	viajares	
	viajar	**Particípio**
	viajarmos	viajado
	viajardes	
	viajarem	

80. Viger (Defectivo)

Não apresenta a 1.ª pessoa do singular do presente do indicativo e as formas daí derivadas.

Na prática, usam-se quase sempre somente as 3.ªs pessoas.

Indicativo

Presente: Não possui a 1.ª pessoa do singular.	Imperfeito	Perfeito
—	vigia	vigi
viges	vigias	vigeste
vige	vigia	vigeu
vigemos	vigíamos	vigemos
vigeis	vigíeis	vigestes
vigem	vigiam	vigeram

Mais-que-perfeito	Fut. do presente	Fut. do pretérito
vigera	vigerei	vigeria
vigeras	vigerás	vigerias
vigera	vigerá	vigeria
vigêramos	vigeremos	vigeríamos
vigêreis	vigereis	vigeríeis
vigeram	vigerão	vigeriam

Subjuntivo

Presente: Não há.	Imperfeito	Futuro
—	vigesse	viger
	vigesses	vigeres
	vigesse	viger
	vigêssemos	vigermos
	vigêsseis	vigerdes
	vigessem	vigerem

Imperativo

Afirmativo: Possui só as 2.ªs pessoas.	Negativo: Não há.
vige	—
vigei	

Formas nominais

Infinitivo impessoal	Infinitivo pessoal	Gerúndio
viger	viger	vigendo
	vigeres	
	viger	**Particípio**
	vigermos	vigido
	vigerdes	
	vigerem	

81. Vir (Irregular)

É também classificado como verbo anômalo, tantas são suas irregularidades.

Indicativo

Presente	Imperfeito	Perfeito
venho	vinha	vim
vens	vinhas	vieste
vem	vinha	veio
vimos	vínhamos	viemos
vindes	vínheis	viestes
vêm	vinham	vieram

Mais-que-perfeito	Fut. do presente	Fut. do pretérito
viera	virei	viria
vieras	virás	virias
viera	virá	viria
viéramos	viremos	viríamos
viéreis	vireis	viríeis
vieram	virão	viriam

Subjuntivo

Presente	Imperfeito	Futuro
venha	viesse	vier
venhas	viesses	vieres
venha	viesse	vier
venhamos	viéssemos	viermos
venhais	viésseis	vierdes
venham	viessem	vierem

Imperativo

Afirmativo	Negativo
—	—
vem	não venhas
venha	não venha
venhamos	não venhamos
vinde	não venhais
venham	não venham

Formas nominais

Infinitivo impessoal	Infinitivo pessoal	Gerúndio
vir	vir	vindo
	vires	
	vir	**Particípio**
	virmos	vindo
	virdes	
	virem	

Conjugação de um verbo na voz passiva analítica

Modo indicativo

Presente

sou	amado/a
és	amado/a
é	amado/a
somos	amados/as
sois	amados/as
são	amados/as

Pretérito imperfeito

era	amado/a
eras	amado/a
era	amado/a
éramos	amados/as
éreis	amados/as
eram	amados/as

Pretérito perfeito simples

fui	amado/a
foste	amado/a
foi	amado/a
fomos	amados/as
fostes	amados/as
foram	amados/as

Pretérito perfeito composto

tenho	sido amado/a
tens	sido amado/a
tem	sido amado/a
temos	sido amados/as
tendes	sido amados/as
têm	sido amados/as

Pretérito mais-que--perfeito simples

fora	amado/a
foras	amado/a
fora	amado/a
fôramos	amados/as
fôreis	amados/as
foram	amados/as

Pretérito mais-que--perfeito composto

tinha	sido amado/a
tinhas	sido amado/a
tinha	sido amado/a
tínhamos	sido amados/as
tínheis	sido amados/as
tinham	sido amados/as

Futuro do presente simples

serei	amado/a
serás	amado/a
será	amado/a
seremos	amados/as
sereis	amados/as
serão	amados/as

Futuro do presente composto

terei	sido amado/a
terás	sido amado/a
terá	sido amado/a
teremos	sido amados/as
tereis	sido amados/as
terão	sido amados/as

Futuro do pretérito simples

seria	amado/a
serias	amado/a
seria	amado/a
seríamos	amados/as
seríeis	amados/as
seriam	amados/as

Futuro do pretérito composto

teria	sido amado/a
terias	sido amado/a
teria	sido amado/a
teríamos	sido amados/as
teríeis	sido amados/as
teriam	sido amados/as

Modo subjuntivo

Presente		Pretérito imperfeito		Pretérito perfeito	
seja	amado/a	fosse	amado/a	tenha	sido amado/a
sejas	amado/a	fosses	amado/a	tenhas	sido amado/a
seja	amado/a	fosse	amado/a	tenha	sido amado/a
sejamos	amados/as	fôssemos	amados/as	tenhamos	sido amados/as
sejais	amados/as	fôsseis	amados/as	tenhais	sido amados/as
sejam	amados/as	fossem	amados/as	tenham	sido amados/as

Pretérito mais-que--perfeito		Futuro simples		Futuro composto	
tivesse	sido amado/a	for	amado/a	tiver	sido amado/a
tivesses	sido amado/a	fores	amado/a	tiveres	sido amado/a
tivesse	sido amado/a	for	amado/a	tiver	sido amado/a
tivéssemos	sido amados/as	formos	amados/as	tivermos	sido amados/as
tivésseis	sido amados/as	fordes	amados/as	tiverdes	sido amados/as
tivessem	sido amados/as	forem	amados/as	tiverem	sido amados/as

Formas nominais

Infinitivo impessoal		Infinitivo pessoal	
ser	amado/a	ser	amado/a
		seres	amado/a
		ser	amado/a
		sermos	amados/as
		serdes	amados/as
		serem	amados/as

Gerúndio		Particípio
sendo	amado/a/os/as	amado/a/os/as

Observação

Na voz passiva não se usa o modo imperativo por um motivo óbvio: o sujeito gramatical é **paciente** da ação expressa pelo verbo; isso a torna incompatível com o imperativo, em que o sujeito gramatical é **agente** da ação verbal.

Conjugação de um verbo pronominal

Modo indicativo

Presente

lembro-me
lembras-te
lembra-se
lembramo-nos
lembrais-vos
lembram-se

Pretérito imperfeito

lembrava-me
lembravas-te
lembrava-se
lembrávamo-nos
lembráveis-vos
lembravam-se

Pretérito perfeito simples

lembrei-me
lembraste-te
lembrou-se
lembramo-nos
lembrastes-vos
lembraram-se

Pretérito perfeito composto

tenho-me	lembrado
tens-te	lembrado
tem-se	lembrado
temo-nos	lembrado
tendes-vos	lembrado
têm-se	lembrado

Pretérito mais-que--perfeito simples

lembrara-me
lembraras-te
lembrara-se
lembráramo-nos
lembráreis-vos
lembraram-se

Pretérito mais-que--perfeito composto

tinha-me	lembrado
tinhas-te	lembrado
tinha-se	lembrado
tínhamo-nos	lembrado
tínheis-vos	lembrado
tinham-se	lembrado

Futuro do presente simples

lembrar-me-ei
lembrar-te-ás
lembrar-se-á
lembrar-nos-emos
lembrar-vos-eis
lembrar-se-ão

Futuro do presente composto

ter-me-ei	lembrado
ter-te-ás	lembrado
ter-se-á	lembrado
ter-nos-emos	lembrado
ter-vos-eis	lembrado
ter-se-ão	lembrado

Futuro do pretérito simples

lembrar-me-ia
lembrar-te-ias
lembrar-se-ia
lembrar-nos-íamos
lembrar-vos-íeis
lembrar-se-iam

Futuro do pretérito composto

ter-me-ia	lembrado
ter-te-ias	lembrado
ter-se-ia	lembrado
ter-nos-íamos	lembrado
ter-vos-íeis	lembrado
ter-se-iam	lembrado

Modo subjuntivo

Presente		Pretérito imperfeito		Pretérito perfeito	
eu	me lembre	eu	me lembrasse	eu	me tenha lembrado
tu	te lembres	tu	te lembrasses	tu	te tenhas lembrado
ele	se lembre	ele	se lembrasse	ele	se tenha lembrado
nós	nos lembremos	nós	nos lembrássemos	nós	nos tenhamos lembrado
vós	vos lembreis	vós	vos lembrásseis	vós	vos tenhais lembrado
eles	se lembrem	eles	se lembrassem	eles	se tenham lembrado

Pretérito mais-que-perfeito		Futuro simples		Futuro composto	
eu	me tivesse lembrado	eu	me lembrar	eu	me tiver lembrado
tu	te tivesses lembrado	tu	te lembrares	tu	te tiveres lembrado
ele	se tivesse lembrado	ele	se lembrar	ele	se tiver lembrado
nós	nos tivéssemos lembrado	nós	nos lembrarmos	nós	nos tivermos lembrado
vós	vos tivésseis lembrado	vós	vos lembrardes	vós	vos tiverdes lembrado
eles	se tivessem lembrado	eles	se lembrarem	eles	se tiverem lembrado

Modo imperativo

Afirmativo	Negativo	
lembra-te	não	te lembres
lembre-se	não	se lembre
lembremo-nos	não	nos lembremos
lembrai-vos	não	vos lembreis
lembrem-se	não	se lembrem

Formas nominais

Infinitivo impessoal	Infinitivo pessoal
lembrar-se	lembrar-me
	lembrares-te
	lembrar-se
	lembrarmo-nos
	lembrardes-vos
	lembrarem-se

Gerúndio	Particípio
lembrando-se	(Não se usa com pronome enclítico.)

PARTE 3

Lista de verbos e modelos de conjugação

Nesta lista predominam os verbos que apresentam particularidades de conjugação. Nela não consta a maioria dos verbos regulares, porque eles não costumam provocar dúvidas sobre sua conjugação.

A

abalançar (14)
abalroar (43)
abancar (36)
abandonar (1)
abarcar (36)
abarrancar (36)
abastecer (77)
abaular (71)
abdicar (36)
abençoar (43)
abendiçoar (43)
abnegar (42)
abocar (36)
abolir (8)
abordoar (43)
aborrecer (77)
abotoar (43)
abraçar (14)
abrancar (36)
abranger (62)
abreviar (24)
abrigar (42)
abrir[1] (3)
ab-rogar (42)
absolver (2)
absorver (2)
abstrair (70)
acalcar (36)
açambarcar (36)
acantoar (43)
acarear (21)
acariciar (24)
acaroar (43)
acender (2)
acentuar (9)
acercar (36)
achacar (36)
achegar (42)
aclarear (21)
acolchoar (43)
aconchegar (42)
acontecer[2] (77)
acrescer (77)
acuar (9)
acudir (10)
adaptar (50)
adequar (11)
adequar-se (11)
aderir (12)
adiar (24)
adimplir (34)
adir (34)
adivinhar (1)
adjazer (41)
adjudicar (36)
adoçar (14)
adocicar (36)
adoecer (77)
adolescer (77)
adorar (1)
adormecer (77)
adornar (1)
ad-rogar (42)
adstringir (37)
aduzir (22)
advertir (12)
advir (81)
advogar (42)
afagar (42)
afazer (35)
afeiçoar (43)
aferir (12)
afiançar (14)
afiar (24)
afiliar (24)
afincar (36)
afligir (37)
afluir (65)
afogar (42)
afrouxar (67)
agenciar (24)
agir (37)
agoniar (24)
agourar (67)
agraciar (24)
agradecer (77)
agredir (13)
agregar (42)
agremiar (24)
agrilhoar (43)
aguar (32)
aguçar (14)
aguerrir (34)
alagar (42)
alar (14)
alardear (21)
alargar (42)

[1] O particípio é irregular: **aberto**.
[2] Empregado só nas terceiras pessoas.

albergar (42)
alcançar (14)
alçar (14)
alegar (42)
aleijar (79)
alforriar (24)
algodoar (43)
alhear (21)
aliançar (14)
aliar (24)
alicerçar (14)
aliciar (24)
alienar (1)
alijar (79)
aliviar (24)
almejar (79)
almoçar (14)
alocar (36)
alojar (79)
alongar (42)
alourar (67)
altear (21)
altercar (36)
alugar (42)
alumiar (24)
alvejar (79)
alvorecer[1] (77)
alvoroçar (14)
amaciar (24)
amadurecer (77)
amaldiçoar (43)
amalucar (36)
amanhecer (77)
amar (1)
amarelecer (77)
amargar (42)
ameaçar (14)
amigar (42)
amolecer (77)
amontoar (43)
amordaçar (14)
amortecer (77)
amouxar (67)
ampliar (24)
amplificar (36)
anestesiar (24)
angariar (24)
angustiar (24)
anistiar (24)
aniversariar (24)
anoitecer (77)
ansiar (49)
antepor (55)
antever (78)
antiquar[2] (11)
anuir (65)
anunciar (24)
anuviar (24)
apagar (42)
apaniguar (19)
aparecer (77)
apartar (1)
apartear (21)
apaziguar (19)
apear (21)
apedrejar (79)
apegar (42)
aperfeiçoar (43)
apetecer (77)
apiedar-se (15)
aplacar (36)
aplicar (36)
apodrecer (77)
apor (55)
aprazer (16)
aprazer-se (16)
apreçar[3] (14)
apreciar (24)
apregoar (43)
apressar (1)
aproar (43)
apropinquar (17)
apropinquar-se (17)
apropriar (24)
aquecer (77)
aquiescer (77)
aquinhoar (43)
arcar (36)
arear (21)
arejar (79)
arguir (18)
arpoar (43)
arquear (21)
arquejar (79)
arrancar (36)
arranjar (79)
arrazoar (43)
arrear (21)
arrefecer (77)
arregaçar (14)
arreliar (24)
arrepiar (24)
arriar (24)
arriscar (36)
arrogar (42)

[1] Usado apenas na terceira pessoa do singular.
[2] Usado quase exclusivamente no infinitivo impessoal e no particípio.
[3] Não confundir com **apressar**, que segue o modelo 1.

arrojar (79)
ascender (2)
asfixiar (24)
aspergir (8)
assalariar (24)
assassinar (1)
assediar (24)
assentir (12)
asserir (12)
assoar (43)
assobiar (24)
associar (24)
assombrear (21)
atacar (36)
atarracar (36)
atear (21)
atenuar (9)
ater-se (6)
atiçar (14)
atingir (37)
atoar (43)
atordoar (43)
atracar (36)
atraiçoar (43)
atrair (70)
atravancar (36)
atreguar (19)
atribuir (65)
atrofiar (24)
atuar (9)
aturdir (8)
auferir (12)
auspiciar (24)
autenticar (36)
autuar (9)
auxiliar (24)
avaliar (24)
avançar (14)
avantajar (79)
averiguar (19)
aviar (24)
avocar (36)
azulejar (79)

B

bagunçar (14)
balançar (14)
balbuciar (24)
balburdiar (24)
baldear (21)
balear (21)
bambear (21)
bambolear (21)
bancar (36)
bandear (21)
banir (8)
baquear (21)
baratear (21)
barbear (21)
basear (21)
bater (2)
batucar (36)
beatificar (36)
bebericar (36)
beijar (79)
beijocar (36)
benfazer (35)
bem-querer[1] (60)
bendizer (29)
beneficiar (24)
bestificar (36)
bicar (36)
bifurcar (36)
biscatear (21)
bloquear (21)
bobear (21)
bocejar (79)
bombardear (21)
bombear (21)
bordejar (79)
bramir[2] (8)
brandir (8)
brasear (21)
brecar (36)
brigar (42)
brincar (36)
bronquear (21)
bronzear (21)
brunir (34)
bulir (10)
buscar (36)

C

cabecear (21)
caber (20)
caçar[3] (14)
cacetear (21)
caçoar (43)
cadenciar (24)
caducar (36)
cair (70)
calar (36)
calcar (36)

---

[1] O particípio é irregular: **benquisto**.
[2] Utilizado apenas nas terceiras pessoas.
[3] Não confundir com **cassar**, que segue o modelo 1.

calcificar (36)
calejar (79)
calotear (21)
caluniar (24)
cambalear (21)
cambiar (24)
campear (21)
cantar (1)
capear (21)
capengar (42)
capitanear (21)
captar (50)
carecer (77)
carpir (8)
carregar (42)
cartear (21)
casear (21)
cassar (1)
castigar (42)
catalogar (42)
causticar (36)
cavalgar (42)
cavoucar (36)
cear (21)
cegar (42)
cercar (36)
cercear (21)
cerimoniar (24)
cernir (34)
cerrar (1)
certificar (36)
cerzir (13)
chamuscar (36)
charquear (21)
chatear (21)
checar (36)
chefiar (24)
chegar (42)
chiar (24)
chicanear (21)
chicotear (21)
chilrear[1] (21)
choramingar (42)
chulear (21)
churrasquear (21)
ciganear (21)
cingir (37)
circum-navegar (42)
circundar (1)
circunjazer (41)
circunstanciar (24)
ciscar (36)
clarear (21)
clarificar (36)
classificar (36)
claudicar (36)
coagir (37)
coar (43)
cobiçar (14)
cobrir[2] (31)
coçar (14)
codificar (36)
coisificar (36)
coligar (42)
coligir (37)
colocar (36)
colorir (8)
combalir (34)
começar (14)
comedir-se[3] (51)
comerciar (24)
compadecer (77)
comparecer (77)
compelir (12)
compendiar (24)
competir (12)
compilar (1)
complicar (36)
compor (55)
comprazer[4] (16)
comprazer-se[4] (16)
compungir (8)
comungar (42)
comunicar (36)
conceituar (9)
concernir (12)
conciliar (24)
concluir (65)
condizer (29)
condoer-se (30)
conduzir (22)
conferenciar (24)
conferir (12)
confiar (24)
confidenciar (24)
confiscar (36)
confluir (65)
confranger (62)
congregar (42)

[1] Utilizado apenas nas terceiras pessoas.

[2] O particípio é irregular: **coberto**.

[3] Não possui a primeira pessoa do singular do presente do indicativo e as formas daí derivadas.

[4] Admite também as formas do modelo 41 no pretérito perfeito do indicativo e nos tempos daí derivados.

conhecer (77)
conjugar (42)
conquistar (1)
conseguir (72)
consentir (12)
consignar (59)
consorciar (24)
conspurcar (36)
constar[1] (1)
constituir (65)
constranger (62)
constringir (37)
construir (23)
consumir (10)
contagiar (24)
conter (6)
continuar (9)
contrabalançar (14)
contradizer (29)
contrafazer (35)
contrair (70)
contrapor (55)
contrapropor (55)
contrariar (24)
contribuir (65)
convalescer (77)
convencer (77)
convergir (28)
convir (81)
convocar (36)
copiar (24)
coroar (43)
corrigir (37)
corroer (45)
cortejar (79)
costear (21)
cotejar (79)
coxear (21)
crer (25)
crescer (77)
criar (24)
criticar (36)
cruciar (24)
cultuar (9)
cumpliciar (24)
cuspir (10)
custear (21)
cutucar (36)

D

dançar (14)
danificar (36)
dar (26)
debruçar (14)
decair (70)
decalcar (36)
decompor (55)
decrescer (77)
dedicar (36)
dedignar-se (39)
deduzir (22)
defecar (36)
deferir (12)
delegar (42)
deliciar (24)
delinear (21)
delinquir (8)
delir (34)
delongar (42)
demarcar (36)
demolir (8)
denegar (42)
denegrir (13)
denunciar (24)
depor (55)
deprecar (36)
depreciar (24)
derrocar (36)
derrogar (42)
derruir (68)
desabotoar (43)
desabrigar (42)
desacorçoar (43)
desafeiçoar (43)
desafiar (24)
desafogar (42)
desagregar (42)
desaguar (32)
desalhear (21)
desaliar (24)
desalojar (79)
desamontoar (43)
desancar (36)
desanuviar (24)
desaparecer (77)
desapear (21)
desaprazer (16)
desapreciar (24)
desapropriar (24)
desarranjar (79)
desassociar (24)
desatracar (36)
desatravancar (36)
desbancar (36)
descaber[2] (20)
descair (70)
descalçar (14)

[1] No sentido de "ser notório", só é empregado nas terceiras pessoas.
[2] Utilizado só no particípio: **descabido**.

descarregar **(42)**
descascar **(36)**
descer **(77)**
desclassificar **(36)**
descobrir[1] **(31)**
descolorir **(8)**
descomedir-se[2] **(51)**
descomplicar **(36)**
descompor **(55)**
desconceituar **(9)**
desconfiar **(24)**
desconhecer **(77)**
descontinuar **(9)**
descrer **(25)**
desdar **(26)**
desdenhar **(1)**
desdizer **(29)**
desejar **(78)**
desembaraçar **(14)**
desembarcar **(36)**
desembocar **(36)**
desencobrir[3] **(31)**
desenfiar **(24)**
desenfrear **(21)**
desenlaçar **(14)**
desenroscar **(36)**
desentoar **(43)**
desentorpecer **(77)**
desentupir[4] **(10)**
desfalcar **(36)**
desfalecer **(77)**
desfavorecer **(77)**
desfazer **(35)**
desferir **(12)**
desfiar **(24)**
desfranzir **(3)**
desgraçar **(14)**
desguarnecer **(77)**
desimpedir **(51)**
desimpor **(55)**
desindiciar **(24)**
desintoxicar **(36)**
desligar **(42)**
deslocar **(36)**
desmentir **(12)**
desmerecer **(77)**
desnortear **(21)**
desobedecer **(77)**
desobrigar **(42)**
desobstruir **(65)**
despedaçar **(14)**
despedir **(51)**
despejar **(79)**
despencar **(36)**
despentear **(21)**
desperdiçar **(14)**
despir **(12)**
despojar **(79)**
despolir **(54)**
desprazer **(16)**
desprestigiar **(24)**
desprevenir **(13)**
despronunciar **(24)**
desproteger **(62)**
desprover[5] **(58)**
desqualificar **(36)**
desquerer **(60)**
destacar **(36)**
destituir **(65)**
destoar **(43)**
destorcer **(77)**
destroncar **(36)**
destruir **(23)**
desvair-se **(70)**
desvaler **(76)**
desviar **(24)**
desvirtuar **(9)**
deter **(6)**
detergir **(75)**
diagnosticar **(36)**
dialogar **(42)**
diferençar **(14)**
diferenciar **(24)**
diferir **(12)**
digerir **(12)**
digladiar **(24)**
dignar-se **(39)**
dignificar **(36)**
diligenciar **(24)**
diluir **(65)**
diminuir **(65)**
dirigir **(37)**
discernir **(12)**
disfarçar **(14)**
dispor **(55)**
dissecar **(36)**

---

[1] O particípio é irregular: **descoberto**.

[2] Não possui a primeira pessoa do singular do presente do indicativo e as formas daí derivadas.

[3] O particípio é irregular: **desencoberto**.

[4] Admite também as formas **tu desentupes, ele desentupe**, **eles desentupem** (presente do indicativo) e **desentupe tu** (imperativo afirmativo).

[5] Usado só no particípio: **desprovido**.

disseminar (1)
dissentir (12)
dissociar (24)
distanciar (24)
distinguir (27)
distorcer (77)
distrair (70)
distribuir (65)
divagar (42)
divergir (28)
diversificar (36)
divertir (12)
divorciar (24)
divulgar (42)
dizer (29)
doar (43)
doer (30)
doer-se (30)
domesticar (36)
dormir (31)
dourar (67)
dragar (42)
duplicar (36)

E

ecoar (43)
edificar (36)
editar (1)
educar (36)
efervescer (77)
efetuar (9)
eleger (62)
eletrificar (36)
elogiar (24)
emagrecer (77)
embaçar (14)
embair (34)
embaraçar (14)
embarcar (36)
embasbacar (36)
embevecer (77)
embicar (36)
embocar (36)
emborcar (36)
emboscar (36)
embranquecer (77)
embravecer (77)
embriagar (42)
embrutecer (77)
emergir (28)
empacar (36)
empaçocar (36)
empalidecer (77)
empedernir (34)
empetecar (36)
empobrecer (77)
empolgar (42)
empregar (42)
emproar (43)
emudecer (77)
enaltecer (77)
encabeçar (14)
encadear (21)
encalcar (36)
encalçar (14)
encarecer (77)
encarregar (42)
encharcar (36)
encobrir[1] (31)
encorajar (79)
encrencar (36)
encruar (9)
encucar (36)
endereçar (14)
endoidecer (77)
endurecer (77)
enegrecer (77)
enfastiar (24)
enfeitiçar (14)
enferrujar (79)
enfiar (24)
enfocar (36)
enforcar (36)
enfraquecer (77)
enfurecer (77)
engajar (79)
engasgar (42)
engolir (31)
engraçar (14)
engrandecer (77)
enguiçar (14)
enjoar (43)
enlaçar (14)
enlamear (21)
enloirecer (77)
enlouquecer (77)
enobrecer (77)
enodoar (43)
enojar (79)
enraivecer (77)
enrijecer (77)
enriquecer (77)
enroscar (36)
enroupar (67)
enrouquecer (77)
enrubescer (77)
enrugar (42)
ensaboar (43)
ensacar (36)
ensandecer (77)

[1] O particípio é irregular: **encoberto**.

ensejar (79)
ensurdecer (77)
entardecer[1] (77)
entediar (24)
enternecer (77)
entoar (43)
entocar (36)
entojar (79)
entontecer (77)
entorpecer (77)
entredizer (29)
entregar (42)
entrelaçar (14)
entremear (21)
entrepor (55)
entretecer (77)
entreter (6)
entrever (78)
entristecer (77)
entrouxar (67)
entupir[2] (10)
enunciar (24)
envaidecer (77)
envelhecer (77)
envergar (42)
enviar (24)
envilecer (77)
enxaguar (32)
enxergar (42)
enxugar (42)
equivaler (76)
equivocar (36)
erguer (33)
erigir (37)
erradicar (36)
esbaforir-se (34)
esbanjar (79)
esboçar (14)
esbofetear (21)
esbordoar (43)
esbravejar (79)
esburacar (36)
escamotear (21)
escandir (34)
escanhoar (43)
escapulir (10)
escaramuçar (14)
escarnecer (77)
escarnir (34)
escassear (22)
esclarecer (77)
escoar (43)
escoriar (24)
escorraçar (14)
escorregar (42)
escrever[3] (2)
esculpir (34)
escurecer (77)
esfaquear (21)
esforçar (14)
esfregar (42)
esfriar (24)
esfumaçar (14)
esganiçar (14)
esgarçar (14)
esmaecer (77)
esmagar (42)
esmiuçar (14)
esmoer (45)
esmorecer (77)
espaçar (14)
espairecer (77)
espanar (1)
espancar (36)
espargir (37)
esparzir (34)
espavorir (34)
especificar (36)
espernear (21)
espiar (24)
espoliar (24)
espreguiçar (14)
esquartejar (79)
esquecer (77)
esquiar (24)
estabelecer (77)
estacar (36)
estagiar (24)
estagnar (59)
estancar (36)
estanciar (24)
estar (5)
estarrecer (77)
estatuir (65)
estiar[1] (24)
esticar (36)
estilhaçar (14)
estocar (36)
estontear (21)
estorcer (77)
estourar (67)
estragar (42)

[1] Usado apenas na terceira pessoa do singular.

[2] Admite também as formas **tu entupes**, **ele entupe**, **eles entupem** (presente do indicativo) e **entupe tu** (imperativo afirmativo).

[3] Só possui o particípio irregular: **escrito**.

estratificar (36)
estrear[1] (21)
estremecer (77)
estropiar (24)
estruir (23)
esturricar (36)
esvaecer (77)
esvair (70)
esvair-se (70)
esvaziar (24)
esverdear (21)
evacuar (9)
evidenciar (24)
evocar (36)
evoluir (65)
exaurir (8)
excetuar (9)
excitar (1)
excluir (65)
excomungar (42)
exemplificar (36)
exercer (77)
exigir (37)
expatriar (24)
expedir (51)
expelir (12)
expiar (24)
explicar (36)
explodir (8)
expor (55)
expropriar (24)
expugnar (59)
expungir (8)
expurgar (42)
extasiar (24)
extenuar (9)
extinguir (27)
extorquir (8)
extrair (70)
extrapor (55)
extraviar (24)

F

fabricar (36)
faiscar (36)
falecer (77)
falir (34)
falsear (21)
falsificar (36)
fantasiar (24)
farejar (79)
farrear (21)
fatigar (42)
favorecer (77)
fazer (35)
fechar (1)
feder (2)
fenecer (77)
ferir (12)
festejar (79)
fiar (24)
ficar (36)
filiar (24)
financiar (24)
fincar (36)
fingir (37)
fisgar (42)
flanquear (21)
flautear (21)
florear (21)
florescer (77)
florir (34)
fluir (65)
flutuar (9)
focar (36)
fofocar (36)
folgar (42)
folhear (21)
foliar (24)
foragir-se (34)
forçar (14)
forjar (79)
formigar (42)
fornecer (77)
fornicar (36)
fornir (34)
fortalecer (77)
fortificar (36)
franquear (21)
franzir (3)
fraquejar (79)
frasear (21)
frear (21)
fremir (8)
frigir[2] (37)
frontear (21)
fruir (65)
fubecar (36)
fuçar (14)
fugir (38)
fulgir (37)
fumegar (42)
fungar (42)
fustigar (42)
futricar (36)
fuxicar (36)

[1] Possui pronúncia aberta nas formas rizotônicas: **estreio**, **estreias**.

[2] Admite também as formas **tu freges**, **ele frege**, **eles fregem** (presente do indicativo) e **frege tu** (imperativo afirmativo).

G

gaguejar (79)
galantear (21)
galgar (42)
galhardear (21)
galrear (21)
ganançiar (24)
ganhar[1] (1)
ganir[2] (8)
gargantear (21)
gargarejar (79)
garoar[3] (43)
garrir (34)
gastar[4] (1)
gazear (21)
gazetear (21)
gear[5] (21)
gerir (12)
gingar (42)
gloriar (24)
glorificar (36)
golear (21)
golpear (21)
gongar (42)
gorjear[2] (21)
gotejar (79)
gozar (1)
gracejar (79)
graduar (9)
grampear (21)
granjear (21)
grasnir[2] (8)
gratificar (36)
grunhir[2] (8)
guarnecer (77)
guarnir (34)
guerrear (21)
guiar (24)

H

habituar (9)
hastear (21)
haurir (8)
haver (7)
hilariar (24)
hipotecar (36)
historiar (24)
homenagear (21)
homologar (42)

I

içar (14)
idear[6] (21)
identificar (36)
imbuir (65)
imergir (28)
imiscuir-se (65)
impedir (51)
impelir (12)
impermear (21)
impingir (37)
implicar (36)
implorar (1)
impor (55)
impronunciar (24)
impugnar (59)
inadimplir (34)
incandescer (77)
incendiar (49)
incluir (65)
inculcar (36)
indagar (42)
indeferir (12)
indicar (36)
indiciar (24)
indignar-se (39)
indispor (55)
indulgenciar (24)
industriar (24)
induzir (22)
inebriar (24)
inferir (12)
infligir (37)
influenciar (24)
influir (65)
infringir (37)
ingerir (12)
iniciar (24)
injuriar (24)
inserir (12)
insidiar (24)
insinuar (9)

[1] Particípio irregular: **ganho**.
[2] Utilizado apenas nas terceiras pessoas.
[3] Usado só na terceira pessoa do singular.
[4] Particípio irregular: **gasto**.
[5] Conjugado apenas na terceira pessoa do singular. Possui pronúncia aberta (**geia**).
[6] Possui pronúncia aberta nas formas rizotônicas: **ideio**, **ideias**.

instigar (42)
instituir (65)
instruir (65)
insurgir (37)
intensificar (36)
interagir (37)
intercambiar (24)
interdizer (29)
interferir (12)
interligar (42)
intermediar (49)
interpor (55)
interrogar (42)
interserir (12)
intervir (81)
intoxicar (36)
intrigar (42)
intrincar (36)
introduzir (22)
intuir (65)
intumescer (77)
invejar (79)
inventariar (24)
investigar (42)
investir (12)
invocar (36)
ir (40)
irradiar (24)
irrigar (42)
iscar (36)

J

jazer (41)
jejuar (9)
jogar (42)
judiar (24)
judiciar (24)
julgar (42)
jungir (8)
justapor (55)
justificar (36)

L

laçar (14)
lacrimejar (79)
lajear (21)
lamacear (21)
lambiscar (36)
lampejar (79)
lamuriar (24)
lançar (14)
lancear (21)
largar (42)
larguear (21)
lascar (36)
latejar (79)
latir[1] (8)
laurear (21)
legar (42)
leiloar (43)
ler (25)
lerdear (21)
licenciar (24)
ligar (42)
liquefazer (35)
liquidificar (36)
lisonjear (21)
litigar (42)
litigiar (24)
lotear (21)
lubrificar (36)
ludribriar (24)
luxuriar (24)
luzir[1] (22)

M

macaquear (21)
machucar (36)
madrugar (42)
magnificar (36)
magoar (43)
maldizer (29)
malear (21)
maliciar (24)
malquerer[2] (60)
mancar (36)
manear (21)
manejar (79)
mangar (42)
manjar (79)
mantear (21)
manter (6)
manusear (21)
mapear (21)
marcar (36)
marear (21)
margear (21)
mariscar (36)
marotear (21)
mascar (36)
mascatear (21)
massagear (21)

[1] Utilizado apenas nas terceiras pessoas.
[2] O particípio é irregular: **malquisto**.

massificar (36)
masturbar[1] (1)
matracar (36)
matraquear (21)
mediar (49)
medir (51)
menear (21)
mentir (12)
merecer (77)
metamorfosear (21)
mexericar (36)
miar[2] (24)
mijar (79)
minguar (32)
minuciar (24)
mistificar (36)
mitificar (36)
mitigar (42)
mobilhar (1)
mobiliar (44)
modificar (36)
moer (45)
molengar (42)
monir (34)
montear (21)
moquear (21)
mordiscar (36)
morrer[3] (2)
mortificar (36)
moscar (46)
moscar-se (46)
mugir[2] (37)
multiplicar (36)
mumificar (36)
municiar (24)
mutuar (9)

N

namoricar (36)
nascer (77)
naufragar (42)
nausear (21)
navegar (42)
negacear (21)
negar (42)
negligenciar (24)
negociar (24)
nocautear (21)
nomear (21)
nortear (21)
noticiar (24)
notificar (36)
noviciar (24)
nulificar (36)

O

obcecar (36)
obedecer (77)
obliquar (47)
obrigar (42)
ob-rogar (42)
obscurecer (77)
obsequiar (24)
obstar (48)
obstringir (75)
obstruir (65)
obviar (24)
odiar (49)
ofegar (42)
oferecer (77)
oficiar (24)
ofuscar (36)
opor (55)
optar (50)
opugnar (59)
orar (1)
orçar (14)
ouriçar (14)
ousar (67)
outorgar (42)
ouvir (51)

P

pacificar (36)
pactuar (9)
pagar[4] (42)
pagodear (21)
pajear (21)
palavrear (21)
paliar (24)
palmear (21)
papaguear (21)
paparicar (36)
papear (21)
parafrasear (21)
parecer (77)
parir (34)
parlamentear (21)
parodiar (24)

[1] Comumente empregado como verbo pronominal.
[2] Utilizado apenas nas terceiras pessoas.
[3] Particípio irregular: **morto**.
[4] Particípio irregular: **pago**.

prover (58)
providenciar (24)
provir (81)
provocar (36)
pruir (68)
prurir (34)
publicar (36)
pugnar (59)
puir (68)
pulsar (1)
pulsear (21)
pungir (8)
purgar (42)
purificar (36)

Q

qualificar (36)
quantificar (36)
querer (60)
questionar (1)
quicar (36)

R

rabiscar (36)
radiar (24)
ramificar (36)
ranger (62)
rangir (8)
raptar (50)
rarear (21)
rarefazer (35)
rasgar (42)
rastear (21)
rastejar (79)
ratear (21)
ratificar (36)
razoar (43)
reabastecer (77)
reagir (37)
realçar (14)
reaparecer (77)
reaquecer (77)
reavaliar (24)
reaver (61)
reavir-se (81)
rebocar (36)
rebolir (8)
rebulir (10)
rebuscar (36)
recair (70)
recalcar (36)
recambiar (24)
recear (21)
recensear (21)
rechaçar (14)
rechear (21)
recingir (37)
reclassificar (36)
recobrir[1] (31)
recolocar (36)
recomeçar (14)
recompor (55)
reconciliar (24)
reconduzir (22)
reconhecer (77)
reconstituir (65)
reconstruir (23)
reconvir (81)
reconvocar (36)
recopiar (24)
recrear (21)
recrescer (77)
recriar (24)
recrudescer (77)
recuar (9)
redar (26)
redarguir (18)
redigir (37)
redizer (29)
reduzir (22)
reedificar (36)
reeducar (36)
reeleger (62)
reembarcar (36)
reenviar (24)
reerguer (33)
refazer (35)
referenciar (24)
referir (12)
refinanciar (24)
refletir (12)
reflorir (34)
refluir (65)
refogar (42)
reforçar (14)
refrear (21)
refrescar (36)
refugar (42)
refugiar-se (24)
refulgir (37)
regar (42)
regatear (21)
reger (62)
regozijar (79)
regredir (13)
reimpor (55)
reiniciar (24)
reintroduzir (22)
reinvestir (12)

[1] Particípio irregular: **recoberto**.

reivindicar (36)
rejuvenescer (77)
relampear[1] (21)
relançar (14)
relegar (42)
reler (25)
reluzir[1] (22)
remanescer (77)
remarcar (36)
remediar (49)
remir (34)
remobiliar (44)
remoçar (14)
remoer (45)
renascer (77)
renegar (42)
renhir (34)
renunciar (24)
repatriar (24)
repelir (12)
repetir (12)
repicar (36)
replicar (36)
repor (55)
repovoar (43)
reproduzir (22)
repropor (55)
reprover (58)
republicar (36)
repudiar (24)
repugnar (59)
requerer (63)
resfolegar (64)
resfriar (24)
resignar-se (39)
resmungar (42)
respingar (42)
resplandecer (77)
responder (2)
ressabiar (24)
ressarcir[2] (34)
ressecar (36)
ressentir (12)
ressoar (43)
ressurgir (37)
restabelecer (77)
restituir (65)
restringir (37)
retaliar (24)
reter (6)
reticenciar (24)
retificar (36)
retinir (8)
retorcer (77)
retorquir (8)
retrair (70)
retribuir (65)
retroagir[3] (37)
retrucar (36)
reunificar (36)
rever (78)
reverenciar (24)
revestir (12)
revoar (43)
revogar (42)
ricochetear[1] (21)
rir (66)
riscar (36)
ritmar (1)
robustecer (77)
roçar (14)
rodear (21)
rodopiar (24)
roer (45)
rogar (42)
romancear (21)
roncar (36)
rosquear (21)
roubar (67)
rubricar (36)
rugir[1] (37)
ruir (68)

S

saber (69)
saborear (21)
sacanear (21)
sacar (36)
saçaricar (36)
sacudir (10)
sair (70)
salgar (42)
salpicar (36)
saltear (21)
sanar (1)
sanear (21)
santificar (36)
sapatear (21)
sapecar (36)
saquear (21)
saracotear (21)
sarar (1)
satisfazer (35)
saudar (71)

[1] Usado apenas nas terceiras pessoas.
[2] Alguns autores admitem a conjugação integral: **eu ressarço, tu ressarces, ele ressarce.**
[3] Conjugado quase exclusivamente nas terceiras pessoas.

secar (36)
sediar (24)
seduzir (22)
segregar (42)
seguir (72)
semear (21)
sentenciar (24)
sentir (12)
sequiar (24)
ser (4)
seriar (24)
serpentear[1] (21)
serrar (1)
servir (12)
seviciar (24)
significar (36)
silenciar (24)
simplificar (36)
sitiar (24)
situar (9)
soar (43)
sobpor (55)
sobrecarregar (42)
sobrepor (55)
sobrepujar (79)
sobressair (70)
sobrestar (5)
sobrevoar (43)
socar (36)
soer (73)
soerguer (33)
sofisticar (36)
sofrear (21)
sofrer (2)
solfejar (79)
solidificar (36)
soliloquiar (24)
soluçar (14)
sombrear (21)
sonegar (42)
sopear (21)
soquear (21)
sorrir (66)
sortear (21)
sortir (54)
sossegar (42)
soto-pôr (55)
soar (9)
subir (10)
subjugar (42)
sublocar (36)
submergir (28)
submeter (2)
subpor (55)
sub-rogar (42)
subsidiar (24)
substanciar (24)
substituir (65)
subtrair (70)
sucumbir (3)
sufocar (36)
sufragar (42)
sugar (42)
sugerir (12)
suicidar-se (1)
sujar (79)
sulcar (36)
sumariar (24)
sumir (10)
superpor (55)
suplicar (36)
supliciar (24)
supor (55)
surdir (8)
surrupiar (24)
surtir[1] (3)
sustar (1)
suster (6)

T

tachar (1)
tangenciar (24)
tanger (62)
tapear (21)
tatuar (9)
taxar (1)
taxiar (24)
tecer (77)
teleguiar (24)
tempestear (21)
timonear (21)
tingir (37)
tinir (34)
tirotear (21)
titubear (21)
toar (43)
tocar (36)
tontear (21)
torcer (77)
tornear (21)
torpedear (21)
toscar (36)
tosquiar (24)
tossir (31)
tourear (21)
traçar (14)
traduzir (22)
trafegar (42)
traficar (36)
tragar (42)

[1] Conjuga-se apenas nas terceiras pessoas.

[1] Utilizado quase exclusivamente nas terceiras pessoas.

Bibliografia

BELLARD, Hugo. *Guia prático de conjugação de verbos*. São Paulo: Cultrix, [s.d.].

CÂMARA JR., Joaquim Mattoso. *Estrutura da língua portuguesa*. 4. ed. Petrópolis: Vozes, 1973.

CASTILHO, Ataliba T. de. *Introdução ao estudo do aspecto verbal na língua portuguesa*. 1. ed. Marília: Faculdade de Filosofia, Ciências e Letras de Marília, 1968.

CUNHA, Celso. *Nova gramática do português contemporâneo*. 2. ed. Rio de Janeiro: Nova Fronteira, 1985.

FERREIRA, Aurélio Buarque de Holanda. *Novo dicionário da língua portuguesa*. Rio de Janeiro: Nova Fronteira, [s.d.].

LUFT, Celso Pedro. *Dicionário prático de regência verbal*. São Paulo: Ática, 1987.

________. *Gramática resumida*. 3. ed. Porto Alegre: Globo, 1976.

MACAMBIRA, José Rebouças. *Português estrutural*. Ceará: Imprensa Universitária da Universidade Federal do Ceará, 1974.

MAURER JR., Theodoro Henrique. *O infinitivo flexionado português*. 1. ed. São Paulo: Cia. Editora Nacional/Editora da Universidade de São Paulo, 1968.

REIS, Otelo. *Breviário da conjugação de verbos*. 51. ed. Rio de Janeiro: Francisco Alves, 1992.

RYAN, Maria Aparecida. *Conjugação dos verbos em português*. São Paulo: Ática, 1988.

Vaga-Lume
Raul Drewnick
UM INIMIGO EM
CADA ESQUINA

Vaga-Lume
Raul Drewnick
A NOITE DOS
QUATRO FURACÕES
OS
FURACÕES

Vaga-Lume
Júnior
Raul Drewnick
RICARDINHO,
O GRANDE

Vaga-Lume
Raul Drewnick
VENCER OU VENCER
VOLLEY

Você também vai gostar de ler: